VIE ET MINISTÈRE

DE

CLAUDE BROUSSON

1647-1698

D'APRÈS DES DOCUMENTS POUR LA PLUPART INÉDITS

PAR

Léopold NÈGRE

> Quand Dieu permet que les Pasteurs meurent pour l'Évangile, ils prêchent plus hautement et plus efficacement dans le sépulcre qu'ils ne faisoient durant leur vie
>
> BROUSSON; (*Lettres aux Pasteurs réfugiés*, 1683).

PARIS

SANDOZ ET FISCHBACHER

33 — Rue de Seine — 33

1878

VIE ET MINISTÈRE

DE

CLAUDE BROUSSON

1647-1698

Montpellier. — Typogr. BOEHM et FILS.

VIE ET MINISTÈRE

DE

CLAUDE BROUSSON

1647-1698

D'APRÈS DES DOCUMENTS POUR LA PLUPART INÉDITS

PAR

Léopold NÈGRE

> Quand Dieu permet que les Pasteurs meurent
> pour l'Évangile, ils prêchent plus hautement
> et plus efficacement dans le sépulcre qu'ils ne
> faisoient durant leur vie.
>
> BROUSSON; *(Lettres aux Pasteurs
> réfugiés, 1683).*

PARIS

SANDOZ ET FISCHBACHER

33 — Rue de Seine — 33

1878

Claude Brousson est connu dans notre Protestantisme français par des biographies fort incomplètes ; nous avons essayé de combler cette lacune en puisant aux sources originales.

Les Archives de Montpellier, les Manuscrits de Court, à Genève, nous ont fourni des documents nombreux et pour la plupart inédits. La Biographie de Brousson, par Gaston Martin, déposée à la Bibliothèque wallonne de Leyde, nous a donné des aperçus nouveaux sur la jeunesse et le caractère de notre ministre.

Enfin, nous devons à la bienveillance de MM. Brousson (de Rotterdam) et Clockener Brousson (de La Haye), la communication de papiers de famille : lettres, sermons, relations, vies de Brousson. Nous leur exprimons ici toute notre reconnaissance.

On verra plus loin les ouvrages que nous avons aussi consultés avec fruit. Malheureusement le livre de Baynes, *The Evangelist of the Desert*, nous parvient au moment où notre travail va être livré à l'impression.

Montpellier, 14 novembre 1877.

INTRODUCTION

———

Les Protestants étaient sortis amoindris, mais forts encore, des guerres de religion qui pendant trente-huit ans avaient désolé le royaume.

L'Édit de Nantes leur accordait les droits civils et religieux, et, sous la protection d'un roi qu'ils affectionnaient malgré son abjuration, ils jouirent d'une période de repos et de prospérité. Les vivacités, les paroles amères, les injustices même que les raisons politiques et les importunités des Jésuites arrachaient à Henri IV, parurent plus tard aux victimes de la Révocation n'être « que des éclairs dont la matière était consumée aussitôt qu'elle avait pris feu, et dont il ne restait ni chaleur ni fumée[1] ».

D'ailleurs, les concessions de Henri IV étaient sincères ; « il n'y avoit rien en lui qui le portât à refuser aux Réformez les moyens légitimes de leur sûreté. Il n'y avoit que les villes d'otage qu'il ne prétendoit pas laisser perpétuellement à leur disposition, et ils n'avoient pas eux-mêmes la pensée de les garder toujours. Quelques seigneurs avoient peut-être sur cela des vues particulières ; mais les Réformez,

———

[1] Élie Benoit, *Histoire de l'Édit de Nantes*, tom. 11, Préface.

en général, ne s'entêtoient de les retenir que parce que, le Roy étant mortel comme un autre homme, il pourroit mourir dans un tems où la minorité de son successeur pourroit leur causer de grandes affaires. De sorte que, s'ils avoient pu s'y maintenir jusqu'à ce que le danger d'une minorité fût passée, ils se seroient plus aisément portez à rendre au Roy ces Places, qui ne leur auroient plus été nécessaires. Au reste, le seul mot de minorité étoit suffisant pour leur faire peur [1]. » Le nom de Médicis leur rappelait le plus odieux des attentats, et ils redoutaient l'avénement d'un prince élevé par les Jésuites et imbu de leurs maximes.

La mort inattendue du Béarnais vint accroître et justifier leurs craintes. Les Réformés songèrent à faire confirmer leurs priviléges et à les défendre au besoin. Ils n'en restèrent pas moins fidèles au sage conseil que Henri de Rohan donnait, en 1611, à l'assemblée de Saumur : « Que notre but soit la gloire de Dieu et la sûreté des Églises, nous procurant du bien l'un à l'autre avec ardeur, mais par des moyens légitimes. Soyons religieux à ne demander que les choses nécessaires, soyons fermes à les obtenir. »

Ménagés d'abord par la régente, dont l'autorité était encore mal affermie, on ne tarda pas à leur faire un crime de ces mesures de conservation que tant de trahisons passées avaient rendues nécessaires. Le clergé donnait son appui à la royauté ; « mais il ne donnoit rien pour rien. Le premier article de ses demandes étoit toujours quelque chose en faveur de la religion catholique, ce qui s'interprêtoit toujours contre la religion réformée, comme si l'une n'avoit pu se maintenir qu'en ruinant l'autre [2]. »

Le rétablissement forcé du catholicisme dans le Béarn, au mépris des Édits, exaspéra les Réformés et les poussa à une imprudente levée de boucliers. La Cour en prit occasion pour s'emparer de leurs principales places de sûreté. Un

[1] Élie Benoit ; tom. II, Préface.
[2] *Ibid.*, ouvrage cité.

moment rétablis dans leurs droits par la paix de Montpellier (1622), la prise de La Rochelle (1628) ne tarda pas à enlever aux Protestants tout moyen de résistance contre le débordement de persécution qui allait bientôt survenir.

Les services qu'ils rendirent à la Cour, pendant les troubles de la Fronde, leur valurent cependant quelques années d'une prospérité et d'un calme relatifs. Dans sa Déclaration du 21 mai 1652, Louis XIV leur témoignait sa reconnaissance : « D'autant que nos sujets de la Religion P. Réformée nous ont donné des preuves de leur affection et fidélité, notamment dans les circonstances présentes, dont nous demeurons très-satisfaits, savoir faisons que, pour ces causes, ils soient maintenus et gardés, comme de fait nous les maintenons et gardons, dans la pleine et entière jouissance de l'Édit de Nantes. » Un dernier synode national se réunit en effet, avec l'autorisation du roi, en 1659.

« Mais cette paix trompeuse finit au traité de Nimègue (1678), et alors on commença de travailler tout de bon à détruire la Réformation, ce qu'on fit d'une manière aussi précipitée que les précédentes mesures avaient été lentes et tardives..... On donna Déclarations sur Déclarations contre la liberté de conscience. On invita le peuple à se convertir par des promesses, des exemptions, de petites libéralités. On l'y força en lui ôtant par mille arrêts les moyens de vivre, en le chargeant de tailles au-dessus de ce qu'il pouvoit porter, en le faisant piller et outrager par les gens de guerre. On y ajouta les Missions, les Conférences, les projets d'accommodement qui pouvoient toujours servir à surprendre quelques simples, ou à donner un prétexte à ceux qui ne vouloient pas se rendre sans formalité. On éloigna de tous les emplois, ou utiles ou honorables, les personnes un peu distinguées, afin de leur faire honte d'une religion qui les faisoit mépriser et qui les réduisoit à la condition du menu peuple. Enfin, tout d'un coup, on prit les Réformés de tant de côtés que, se trouvant sans union, sans consolation, sans exercice, sans conseil, assiégés de mille pièges qui leur étoient tendus par les Édits qu'on publioit tous les jours, ils cédèrent presque tous à la violence des garnisons ou à la terreur des prisons et des galères[1]. »

Telle était, vers l'an 1680, la situation des Réformés de France, lorsque Claude Brousson, dont nous avons essayé de raconter la vie, commença à se faire un nom au milieu de ce peuple opprimé.

[1] Élie Benoît ; tom. III, Préface.

VIE ET MINISTÈRE

DE

CLAUDE BROUSSON

CHAPITRE PREMIER

Jeunesse de Claude BROUSSON ; sa carrière d'Avocat (1647-1683).

Claude Brousson naquit à Nimes en 1647. — Son père, Jean Brousson, bon bourgeois de cette ville, et sa mère, Jeanne de Paradès, demoiselle de qualité, possédaient quelque fortune. Ils confièrent l'éducation de leur fils à un « homme de bien, humble, savant, qui méprisait les grandeurs et les vanités du monde ». Le précepteur s'efforça de développer chez son élève les vertus, la piété des parents, et l'amour de cette religion pour laquelle on aurait à sacrifier bientôt, comme autrefois, biens et vie.

Sans rien négliger pour l'instruction de l'enfant, auquel il enseigna les premiers principes des sciences humaines, « ce philosophe se hasta de luy former l'esprit et le rendit en peu temps capable de se conduire soy-même. Il s'appliqua surtout à luy inspirer des sentimens désintéressez, honestes et généreux, en luy marquant, dans les divines Ecritures, les exemples qu'il devoit suivre, en luy donnant ces premières impressions d'honneur et de probité qui réglèrent toutes les actions de sa vie[1]. »

Brousson continua ses études à l'Académie protestante de Nimes. Après y avoir pris le grade de docteur en droit, il alla, comme avocat, dans la Chambre mi-partie qui se trouvait à Castres, où il se posa en défenseur de ses coreligionnaires opprimés. Sa droiture, sa charité, ses talents, le firent bientôt connaître. « Il parloit bien, ajoutons éloquemment, quoique son éloquence eût moins de brillant que de force, et, pour ainsi parler, moins d'ornemens superficiels que de substance et de moële. Son style étoit simple et, ce semble, sans art, mais net et intelligible, et surtout il étoit touchant et affectueux par une certaine naïveté qui souvent fait plus d'effet et d'impression que les figures les plus magnifiques[2]. » Il ne tarda pas être nommé membre du consistoire de cette Église, où il se trouva à côté d'officiers de la Chambre et de personnes de distinction de la ville.

De Castres, il suivit à Castelnaudary la Chambre de l'Édit quand elle y fut transférée. Il alla enfin, en 1679, à Toulouse, quand les Chambres mi-parties furent supprimées par Ordonnance du roi, et incorporées aux Parlements.

Les Chambres de l'Édit étaient le seul rempart qui mît les Réformés à couvert des violences des Parlements.

[1] Martin ; *Vie de Brousson.*
[2] *Histoire des Martyrs* ; manusc. Court, Genève.

Louis XIV avouait lui-même qu'elles étaient nécessaires aux Réformés. « C'est pour cela, disait-il, que je n'écoute pas le clergé qui m'en demande la suppression ! » Mais le clergé força la main au roi, et les Chambres mi-parties furent supprimées.

La position des Réformés s'aggrava singulièrement ; le dessein de détruire leur religion était formé depuis longtemps déjà, mais on y travaillait peu à peu, voulant conserver les apparences de la justice. A partir de ce moment, tous les prétextes furent bons pour fermer les temples et éloigner les ministres. Brousson, prenant en main la cause du droit, défendit les Églises persécutées avec une hardiesse telle qu'il étonnait ceux mêmes qui avaient recours à lui.

L'année 1683 parut amener un redoublement de persécution. Quarante-deux Églises furent successivement interdites. Celle de Montauban, mise en accusation, chargea Brousson de sa défense. Des relaps, au nombre de cinq, avaient, disait-on, assisté aux assemblées [1]. Brousson n'eut pas de peine à établir que l'abjuration d'aucun d'eux n'avait été signifiée ; plusieurs étaient revenus aux assemblées avant que le roi eût donné les Déclarations qui défendaient de les recevoir ; l'un de ces prétendus relaps n'était même pas retourné dans le temple depuis

---

[1] Les abjurations devaient être signifiées aux ministres et aux consistoires des lieux où ceux qui avaient abjuré ladite religion faisaient leur résidence, et défense expresse était faite, tant aux ministres qu'aux dits consistoires, de recevoir dans les temples ces nouveaux convertis, sous peine de désobéissance, de suppression des consistoires et interdiction des ministres. (Édit du 10 octobre 1679.)

le moment où il avait embrassé la religion catholique. Le procureur général dut abandonner ce chef d'accusation et prétendit qu'on avait violé l'Édit de juin 1680, défendant de recevoir des catholiques. Cette imputation fut aussi facilement réfutée que la première, car on avait affaire, dans le cas de Montauban, à des nouveaux convertis, et non à des catholiques de naissance, auxquels seulement aurait pu s'appliquer la seconde Déclaration. Les cinq ministres qui servaient cette Église : Broussard, Satur, Ysarn, Saint-Faust et Repey, durent cependant se constituer prisonniers à Toulouse, où ils furent retenus plus de quatre mois. L'évêque de Montauban poursuivit leur condamnation avec une ardeur extraordinaire ; aussi se trouva-t-il à l'audience grand nombre de prêtres, de jésuites, d'évêques, d'archevêques et de Réformés de Montauban et de Toulouse.

Brousson démontra d'abord l'irrégularité de la procédure, le peu de fondement des chefs d'accusation, et la valeur qu'on devait faire du témoignage de ceux qui déposaient contre les ministres. Puis, jugeant qu'on en voulait moins à une Église particulière qu'à la Religion réformée, il fit l'apologie de la Réformation.

Le procureur général l'interrompit, lui demandant s'il croyait être dans un temple ! — « Oui, Monsieur, lui répondit-il modestement ; en effet, je suis dans le temple de la Justice, où il est permis de dire la vérité ! » Puis, s'étant tourné vers la Cour, il demanda la permission de continuer, ce qui lui fut accordé.

La position du procureur général était très-embarrassante ; jamais fait pareil ne s'était produit. Pour justifier le jugement qu'il voulait obtenir de la Cour et prouver la fausseté des arguments de cet avocat audacieux, il lui fallait entrer dans la controverse, et il ne le pouvait. Aussi se contenta-t-il d'affirmer que Brousson avait fait de la Religion prétendue réformée un portrait qui était démenti par la conduite de ses adhérents. Après quoi il conclut en peu de mots à l'exécution des Déclarations.

L'audience terminée, il alla vers Brousson , lui tendit la main, l'assurant qu'il ne désespérait pas de le voir un jour bon catholique. « Vous voyez, Monsieur, répondit celui-ci, comme j'en prends le chemin. »

La cause ne fut pas jugée à cette audience ; mais au mois de juin de la même année parut un Édit qui interdisait les ministres et ordonnait la démolition du temple dans les quinze jours[1].

Une seconde affaire, plaidée cette même année par Brousson, devant le Parlement de Toulouse, fit encore plus de bruit. Quatorze Églises avaient successivement imploré son secours. Le Parlement jugeait ces causes les unes après les autres : l'interdiction de plusieurs Églises à la fois aurait fait trop d'éclat. Brousson, qui se rendait compte de ces calculs, profita de ce que la cause de l'une de ces Églises fut appelée devant le Parlement pour y adjoindre celle des treize autres, et cette fois encore, au lieu de montrer la fausseté des accusations portées contre chacune de ces Églises en particulier, il eut recours à une argumentation générale.

L'archevêque de Toulouse, plusieurs évêques des environs et plusieurs conseillers clercs, étaient alors au Par-

---

[1] Benoît: *Histoire de l'Édit de Nantes*, tom. IV. pag. 591. —Moreri.

lement et se rendaient juges dans leur propre cause. Brousson montra l'injustice d'un tel procédé. « Les arguments furent pris de l'incompétence des Parlements dans cette sorte de cause, de la solidité et de la justice des concessions de l'Édit de Nantes, et surtout de l'innocence de la Religion réformée, dont il fit l'apologie et dont il récita et démontra la profession de foi. Il insista surtout sur ce qu'il n'était pas juste que les Protestants discontinuassent à s'assembler au nom du Seigneur pour méditer sa Parole, pour invoquer son saint nom et pour célébrer sa gloire par le chant de ses louanges, selon les préceptes réitérés du Roi-Prophète. » Toute l'assemblée écoutait, dans un silence mêlé d'étonnement, le plaidoyer si hardi de l'avocat.

Il faisait l'apologie de la Religion réformée, quand un des avocats catholiques s'écria : « Hé ! qu'entendons-nous, Messieurs! Le Parlement fait tous les efforts pour abolir la Religion prétendue réformée, et dans le même temps on vient nous la prêcher en face. » Brousson n'en continua pas moins son plaidoyer avec hardiesse et éloquence, fort qu'il était de la justice et de la vérité de sa cause. Le procureur n'osa même pas l'interrompre, et son embarras était visible quand il prit la parole pour dire, d'un air assez peu sûr : « Il faut avouer, Messieurs, il faut avouer que ce sont de belles idées de religion ; mais ne peut-on pas dire de ceux de la Religion prétendue réformée ce que le prophète Ésaïe disoit du peuple d'Israël : Ce peuple s'approche de moi de ses lèvres, mais leur cœur est bien éloigné de moi. Sur quoi M. Brousson lui répliqua que ce qu'il appeloit de belles idées de religion étoit la religion même que les protestants professoient, et qu'ainsi il étoit obligé lui-même de convenir que cette religion étoit pure et conforme à la Parole de Dieu, et de n'avoir rien à dire contre elle ; qu'à l'égard des cœurs de ceux qui la professoient, ils n'étoient point de sa juridiction ; qu'il n'y avoit que Dieu qui pût les pénétrer et qui pût juger s'ils le servoient avec sincérité ou s'ils étoient des hypocrites [1].» Au moment où Brousson achevait de prononcer ces paroles, un jésuite, qui était assis derrière lui, l'embrassa fortement. « Monsieur, lui dit-il, vous m'avez fort édifié ; oui, Monsieur, vous m'avez fort édifié. »

Les membres du Parlement se réunirent dans la chambre du Conseil ; ils ne pensaient plus aux Églises qui étaient en cause, et se demandèrent, dès l'abord, ce qu'ils allaient faire de leur courageux défenseur. On ne pouvait désormais autoriser pareils discours : ne venait-on pas, en effet, d'entendre les auditeurs dire entre eux en sortant : « Nous n'aurions jamais cru que leur religion eût été telle que nous venons de l'entendre ».

Plusieurs membres du Conseil furent d'avis qu'il falfait faire arrêter immédiatement Brousson. Mais le premier président Fieubet combattit ce projet. Il allégua qu'en ôtant aux avocats des Réformés la liberté de défendre leur cause comme bon leur semblait, on pousserait ceux-ci au désespoir et à la révolte. Le parti de la violence fut donc abandonné, et l'on essaya de gagner Brousson par des promesses et des flatteries ; mais celui-ci rejeta avec mépris l'offre qu'on lui fit d'une place de conseiller pour prix de sa conversion.

Le Parlement avait voulu éviter l'éclat dans la con-

[1] Court ; *Histoire des Martyrs*.

damnation des Églises, et ce procès avait fait grand bruit;
on laissa donc la chose en suspens jusqu'au moment où
la révocation de l'Édit de Nantes entraîna la démolition
de tous les temples réformés [1].

L'état des Protestants s'aggravait tous les jours. Le
dernier synode du Bas-Languedoc avait été tenu à Uzès
en novembre 1681 [2]. La présence du commissaire catholique (Déclaration du 10 novembre 1679) dans les colloques et dans les synodes enlevait toute liberté de dis-
cussion : prenait-on des mesures pour se maintenir au
milieu de la persécution, elles étaient aussitôt communiquées au roi et au clergé. On jugea qu'il fallait abandonner
l'ancienne organisation et recourir, pour la direction de
l'Église, à un nouveau moyen. Le Languedoc, qui était
divisé en trois colloques, ceux de Nimes, d'Uzès et de
Montpellier, nomma des directeurs au nombre de six.

---

[1] Court ; *Hist. des Martyrs.*

[2] Benoît fait erreur quand il le place en 1682. « Je remarquerai encore
ici qu'il y a une erreur considérable à la datte de la tenue du synode du
Bas-Languedoc à Uzès, puisque l'*Histoire de l'Édit* marque que ce fut
en 1682, et il avoit esté tenu au mois de novembre de l'année précédente, 1681. Cette remarque est plus importante qu'elle ne paroît d'abord,
parce que, outre la vérité de la chose, toute l'année 1682 fut employée
à établir les correspondances qu'on vouloit lier avec les autres provinces
au-delà de la Loire par raport à Paris, et qu'on ne commença à déli-
bérer sur les moyens qu'on pourroit employer pour empêcher la ruyne
des Églises qu'au commencement de l'année 1683, et que ce ne fut qu'à
la fin du mois d'avril de la même année qu'on fit l'Assemblée de Thoulouse. D'ailleurs, si on suivoit cette date, que l'*Histoire de l'Édit* marque
pour la tenue du synode d'Uzès, on trouveroit des contrariétés qui
feroient douter de la vérité des choses qu'on a négociées après la tenue
de ce Synode. » (*Mémoires sur le projet fait par l'Assemblée de Thoulouse en 1683.*)

Ceux-ci devaient agir secrètement : une entière autorité leur fut conférée pour régler les affaires de la province.

Cet exemple fut suivi par le Dauphiné, le Vivarais et les Cévennes. Les directeurs adressèrent des requêtes au roi, en même temps que des protestations et des actes de récusation au Parlement. On ne tint aucun compte de leurs démarches. Ils résolurent alors de se réunir secrètement à Toulouse, espérant qu'une décision plus courageuse pourrait, sinon rétablir l'Église réformée, du moins préserver de la ruine les Églises qui subsistaient encore.

Les directeurs se réunirent donc, en 1683, au nombre de vingt-huit, chez Claude Brousson, à Toulouse, faisant choix de cette ville, peuplée surtout de catholiques, afin de détourner les soupçons. Le Haut et le Bas-Languedoc, le Poitou, le Vivarais, le Dauphiné, les Cévennes, étaient représentés.

Si l'on ne fuyait pas à l'étranger, il restait trois partis à prendre ; on pouvait : 1° se soumettre en dissimulant ses sentiments : mais alors, jugeant par là du peu d'attachement des Réformés pour leur religion, le roi en viendrait bientôt à bout par de nouveaux Édits ; 2° se révolter : mais, outre que les Protestants devaient réclamer leurs droits sans se départir du respect qu'ils devaient à leur prince, ils étaient en trop petit nombre pour trouver la victoire dans la révolte ; 3° il restait un dernier parti que Brousson proposait, et qui fut accepté. Les Réformés feraient connaître l'attachement qu'ils avaient pour leur foi, « souffrant patiemment comme des agneaux pour la profession et l'exercice de leur sainte religion, et implorant continuellement les compassions de Sa Majesté par de très-humbles requêtes. » Brousson ne doutait point que Sa Majesté « ne fît d'abord éclater son indignation contre ceux qui résisteroient à ses volontés, mais il étoit persuadé que dix ou vingt personnes n'auroient pas plus tôt souffert la mort et scellé de leur propre sang la vérité de la religion qu'ils professoient, que le roi ne jugeroit pas à propos de pousser la chose plus loin, pour ne pas faire une grande brèche à son royaume[1] ».

Un projet composé de dix-huit articles fut ensuite rédigé, indiquant les moyens de sauvegarder la liberté de conscience. Les Églises interdites s'assembleraient toutes, le 27 juin, pour rendre à Dieu les adorations et les louanges qui lui sont dues, en se préparant à cette reprise du culte par l'humiliation, la repentance et la prière. Toute provocation serait évitée avec soin, mais on se réunirait assez ouvertement pour que la Cour en eût connaissance. Du reste, une requête adressée au roi, le 2 juin, l'informerait que, tout en conservant pour lui un profond respect, les Réformés étaient néanmoins résolus à tout souffrir pour continuer à rendre à Dieu le culte qui lui est dû. Un jeûne solennel serait célébré, le dimanche 4 juillet, dans toutes les Églises. Les pasteurs presseraient les auditeurs de se convertir et feraient une confession générale des péchés, en demandant le salutaire secours du Saint-Esprit et la protection du Ciel, dans le déplorable état où se trouvait l'Église. Venait ensuite un article relatif aux Psaumes que l'on conseillait de chanter. Tout le monde était admis aux prédications ; toutefois les prêtres et les ecclésiastiques romains étaient priés de se retirer ;

[1] Requête du 3 novembre. (Archives de Montpellier.)

les relaps iraient dans les lieux interdits, afin de ne pas compromettre les Églises qui n'avaient pas encore été atteintes.

Les colloques seraient tenus secrètement si l'on n'obtenait pas d'autorisation.

Les pasteurs, malgré la persécution, ne devraient sortir du royaume et n'abandonner leur province qu'avec l'autorisation du colloque.

Les derniers articles concernaient les Églises privées de pasteurs ; elles s'en rapporteraient au conseil de la province. Enfin, celles dont les temples avaient été démolis, sous prétexte de proximité des églises catholiques, pourraient décider elles-mêmes s'il était plus sage de les rebâtir ou d'en rester privées[1].

Ce projet une fois terminé, les directeurs composèrent la requête destinée à implorer la miséricorde du roi, en lui expliquant quel était leur dessein. Ils distinguaient d'abord les droits de Dieu et ceux du roi, se déclarant prêts à tout sacrifier pour se conformer aux seconds comme aux premiers. Et après avoir montré dans un langage respectueux et soumis qu'ils étaient en effet tenus de rendre à Dieu leur culte, ils s'appuyaient sur la pureté de leurs doctrines, dont ils faisaient l'apologie, pour supplier le roi de révoquer les Déclarations et les jugements qui leur enlevaient toute liberté[2].

Tels furent les résultats de ces assemblées, où l'avis de Brousson prévalut. Ces dix-huit articles et cette requête étaient certes les meilleures preuves de l'innocence et de

---

[1] *Apologie du projet des Réformés.*

[2] *Requête présentée au Roi sur le projet des Réformés pour exciter sa pitié. — Projet des Réformés*, pag. 67 et suiv.

l'intégrité des intentions de leurs auteurs. Il n'y est parlé
que d'humiliation, de repentance, de prière, de respect
et de dévouement au roi. « On ne jugera pas, dit Brousson
dans son Apologie de ce projet, que ce soit l'ouvrage de
quelques scélérats ou de quelques libertins, et apparemment,
lorsque les personnes pieuses et raisonnables y auront
fait quelque réflexion, elles conviendront que nous ne
pouvions rien faire de plus chrétien, de moins dangereux,
ni de plus modéré [1]. »

Ce parti, si modéré, semblait avoir toutes les chances
de succès. Il n'en fut rien ; et cela, il est triste de l'avouer,
par la faute des Protestants eux-mêmes.

Les décisions prises en 1682 pour la direction de
l'Église, avaient mécontenté beaucoup de Réformés de
Montpellier, de Nimes, d'Uzès ; deux camps s'étaient for-
més. Ceux qui approuvaient ce changement traitaient les
contredisants de faux frères ; ceux qui le repoussaient
qualifiaient les autres de brouillons qui aimaient mieux
tout gâter par un zèle inconsidéré. « Les uns disaient
être de Paul, les autres d'Apollos ; il se mêla tant d'ai-
greur dans ces deux partis que l'on vit revivre, dans ce
temps, la vive image de ce qui se passa dans Jérusalem
quelque temps avant sa ruine [2]. »

Ceux qui s'élevaient si hautement contre ce projet
prétendaient :

« Que ces résolutions n'étoient pas convenables au temps ; qu'à
peine auroit-on parlé aussi haut dans le temps où on avoit deux
cents Places de sûreté ; que ces hauteurs mal digérées achève-

<hr>

[1] *Apologie du projet des Réformés*, pag. 60.
[2] Mme du Noyer ; vol. II, pag. 84.

roient de ruiner les affaires générales; qu'on en prendroit prétexte pour traiter les Réformés comme des rebelles et de leur ôter ce qui leur restoit encore; que ce projet tendoit évidemment à prendre les armes, et que c'étoit donner au clergé, qui ne demandoit pas mieux, une belle occasion d'exterminer les Réformés par des menaces et des suplices.

» Quelques-uns y ajoutoient que la modestie même que les directeurs proposoient de garder dans leurs assemblées étoit un moyen fort propre de les faire mépriser. Qu'il ne faut pas garder tant de mesures avec un clergé imbu des maximes de l'Inquisition, et qui, ne se piquant ni d'honneur ni d'humanité, se prévaut de la modération et de la patience de ceux qu'il persécute; qu'il porteroit sa fureur d'autant plus loin qu'il seroit assuré de trouver moins de résistance; qu'avec lui donc il ne faut jamais prendre d'expédiens moyens, qu'il faut, ou une guerre déclarée ou une soumission toute entière; qu'autrement une demi-résistance ne sert qu'à l'irriter, et la faiblesse de l'oposition lui donne le courage de tout entreprendre.

» C'est ce qui fait le malheur d'un peuple opprimé. Il prend des partis moyens qui ne servent qu'à offenser ses ennemis et qui ne le mettent pas en état de se défendre de leur vengeance. Il n'y a rien de si dangereux que n'être qu'à demi obéissant ou rebelle. Par ce qui a l'air d'être une rebellion, les malheureux se rendent coupables, et par ce qui a l'air d'obéissance, ils se livrent à la discrétion du plus fort. A force de précautions pour mettre dans leur tort les auteurs de la violence, on leur donne l'occasion d'en abuser. Cela est presque toujours arrivé dans les affaires de la Religion. La crainte d'attirer du blâme sur elle a fait perdre le temps et les moyens de la défendre, et, en voulant éviter le reproche de la rebellion, souvent on s'est exposé à toutes les peines qu'elle mérite.

» Ces ménagements-là sont bons quand la partie est égale et que de part et d'autre on a les mêmes sujets de craindre ou le même soin de se mettre à couvert de blâme. Mais avec le clergé romain on n'en est pas dans ces termes. Il se met peu en peine d'être blâmé, mais il se pique de réussir et il se sert de tout pour n'avoir pas le démenti dans ses entreprises. Avec lui, donc, il n'y a pas de milieu à prendre : comme il est sans pitié, la modestie de ceux qu'il veut perdre ne le touche point. En sorte qu'il n'y a qu'à choisir entre deux extrémités. Ou il faut épuiser sa malignité par la patience, ou il faut parer ses atteintes par des coups de désespoir. Quand on se trouve donc, concluoit-on, dans un temps où les forces manquent et où les efforts d'un zèle impuissant ne peuvent passer que pour d'éclatantes témérités, il semble qu'il ne reste de parti à prendre que celui de soufrir courageusement [1]. »

Le spectacle de ces divisions parut accroître l'acharnement des persécuteurs, auxquels les Réformés eussent pu inspirer quelque respect par l'union et la fermeté. L'exécution du projet fut retardée. Les Protestants de Saint-Hippolyte se réunirent, le dimanche 11 juillet 1683, dans un champ près du bourg. Ils étaient au nombre de trois mille. Ceux mêmes qui avaient l'habitude de porter les armes les laissèrent, afin d'éviter toute apparence de sédition ; l'ordre le plus parfait fut observé pour se rendre au culte comme pour en revenir. Le ministre prêcha sur ces paroles : « Rendez à César les choses qui sont à César et à Dieu les choses qui sont à Dieu. » (Matth. XXII, 21.) Le curé lui-même n'eut rien à redire à cette prédication, faite dans un esprit vraiment chrétien et modéré.

Des assemblées furent tenues, le 18 du même mois, dans le Vivarais, et le 22 dans le Dauphiné [2], sans bruit, sans armes également. Dans le Vivarais, les réunions

---

[1] Court ; *Vie de C. Brousson.* — Benoît, V, pag. 640.

[2] *Mémoires sur le projet de Thoulouse.* — Benoît, V, pag. 641. — *Apologie du projet des Réformés.*

avaient été suivies d'une prise d'armes des catholiques ;
les Protestants se mirent sur la défensive ; un des leurs,
nommé Guèze, tomba sous les coups des catholiques : ce
fut la déclaration de guerre. Les mêmes faits se repro-
duisirent dans le Dauphiné, et on accusa les Réformés
d'avoir pris l'offensive.

Nous ne nous engagerons pas dans le récit détaillé
de la guerre qui suivit. Les catholiques cherchaient une
occasion de commencer les hostilités ; et, quelque inno-
centes que fussent les intentions des Réformés, ces premières assemblées, suite du projet de Toulouse, furent
le prétexte attendu.

Dans une situation aussi critique, l'union la plus
absolue aurait pu seule sauver les Protestants lorsque
survint une nouvelle complication : M. de Ruvigny, leur
député général, leur écrivit le 28 juillet, probablement
par ordre de Louis XIV, une lettre où il blâmait « la conduite criminelle des Réformés, qui, outre l'offense commise envers Dieu, violaient le respect dû au roi et à ses
Édits [1]. »

On savait à la Cour que la reprise du culte public dans
les Églises interdites avait été décidée, à Toulouse, dans
une réunion tenue chez l'avocat Brousson, suspect déjà
à bien des titres. De là à le rendre responsable de tous
les désordres survenus, il n'y avait qu'un pas, et il fut
vite franchi.

Ces accusations étaient sans fondement, car Brousson,
absent des provinces où les troubles avaient éclaté, n'eut,
depuis l'affaire de Toulouse, de conférences particulières

---

[1] *Apologie du projet des Réformés*, 75.

et n'entretint commerce de lettres qu'avec les directeurs du Bas-Languedoc [1].

« Tout ce que j'ai à dire sur ce sujet, c'est qu'en demeurant dans les termes du respect et de la fidélité que je devois à mon Prince, j'ai exposé mon emploi, mes biens et ma vie pour être fidèle à mon Dieu. Je n'ai pas consulté la chair et le sang ; mais j'ai toujours suivi les mouvements de ma conscience. En un mot, j'ai cette consolation que j'ai fait tout ce que j'ai pu pour soutenir la cause de Dieu et de son Église. Aussi ce grand Dieu, qui connaissoit la sincérité de mon cœur, prit le soin de me garantir par un miracle de sa Providence si éclatant, que ceux qui cherchoient ma vie en furent couverts de confusion, et que les fidèles furent contraints d'avouer que Dieu faisait voir par là combien je lui étois cher. [2] »

Brousson fait ici allusion à la délivrance merveilleuse dont il fut l'objet à Nimes.

N'étant plus en sûreté à Toulouse, il s'était rendu au mois d'août dans sa ville natale ; il espérait, par sa présence, ramener les esprits et mettre fin aux divisions qui existaient entre les Protestants. Des quatre ministres de cette Église, deux, MM. Icard et Peirol, appartenaient au parti des Zélés qui avaient accepté les décisions de Toulouse ; les deux autres, Cheiron et Poulian, s'y opposaient. Ils voulaient une soumission entière aux ordres du roi. Les efforts de Brousson pour rétablir l'entente furent vains ; on prétend même que le parti des Politiques avertit les puissances et leur fit craindre un soulèvement du peuple.

Dans la nuit du 20 octobre, on envoya d'Anduze un

---

[1] *Mémoire sur le projet fait par l'Assemblée de Thoulouse.*
[2] Court ; *Histoire des Martyrs.*

détachement de deux cents à quatre cents dragons, du régiment de Barbesières ; ils devaient se rendre à Nimes avant le jour, occuper la ville et opérer l'arrestation de huit à neuf personnes accusées d'avoir pris part au projet de Toulouse. De ce nombre étaient Brousson, les ministres Icard et Peirol, et M. Fonfrède, gentilhomme de la ville. M. de Rochemore, président de Nimes, et quelques autres personnes, étaient allées à la rencontre de ces troupes. Un marchand qui revenait d'Anduze au galop rencontra ces messieurs, avant le lever du jour, à la Croix-de-Fer. M. de Rochemore lui demanda s'il n'était pas dragon. Ce marchand, qui appartenait au parti des Zélés, comprit le danger, se rendit à Nimes en toute hâte et fit prévenir ses amis. Un instant après, les dragons entraient dans la ville et faisaient partout des perquisitions inutiles.

Le 29, défense fut faite aux habitants de recevoir les proscrits, sous peine de mort et de démolition des maisons. Ces proclamations arrivaient jusqu'aux oreilles de Brousson dans les lieux qui lui servaient de refuge. Une nuit même, à travers une mince cloison, il entendit ses hôtes discuter entre eux sur la conduite qu'ils devaient tenir vis-à-vis de lui. Le mari et la femme ne partageaient pas la même manière de voir : l'un voulait le dénoncer, pour éviter les peines dont étaient passibles tous ceux qui donnaient asile aux proscrits ; l'autre préférait s'exposer à tout plutôt que de commettre une pareille action. Ils décidèrent d'attendre au lendemain pour en causer avec Brousson. Celui-ci, après avoir passé la journée chez eux, se résolut à chercher ailleurs un gîte plus sûr. Arrêté à un poste et relâché sans avoir été reconnu, puis suivi longtemps par un homme auquel il

eut toutes les peines du monde à se dérober, Brousson
erra pendant deux nuits dans les rues de la ville, exposé
à mille dangers ; il découvrit enfin « un égout situé près
des Jésuites, dont l'ouverture n'était pas fermée et qui
le conduisit, par les routes souterraines par où les im-
mondices s'écoulent, hors la porte des Carmes, dans les
fossés de la ville [1] ».

Le 26 juin et le 3 juillet, l'intendant d'Aguesseau rendit deux jugements qui condamnaient plusieurs ministres
à être rompus vifs et à être pendus. M. Napoléon Peyrat [2]
et MM. Haag, dans la *France protestante* [3], disent à tort
que Brousson fut compris dans l'arrêté du 26 juin et
condamné à être pendu et exécuté en effigie. Il ne fut
question de lui dans aucun de ces jugements, pas plus
que de M. de Fonfrède, le gentilhomme de Nîmes qui
s'était sauvé miraculeusement en même temps que
Brousson, lors de l'occupation de la ville par les dragons
de Barbesières. « Mais on fit savoir sous main à leurs
parents qu'il n'y avait aucune sûreté pour eux à rester
en France [4]. » « On affecta, » est-il dit dans les *Mémoires
sur le projet fait par l'Assemblée de Thoulouse*, en 1683,
où nous retrouvons la même affirmation, « de ne condamner que des ministres [5], quoiqu'ils n'eussent eu au-

---

[1] Mme du Noyer; *Mémoires*, vol. II, pag. 87. — Court; *Histoire des
Martyrs*.

[2] *Histoire des Pasteurs du Désert*, pag. 143, etc.

[3] *France protestante*, 1re édition, pag. 32.

[4] Moreri.

[5] Voici le texte de ces jugements, tel qu'il est donné : par Brousson
lui-même dans son *Apologie du projet des Réformés*, pag. 193 ; par
Benoit, *Histoire de la Révocation*, V, pag. 669 ; et par Court, *Histoire
des Martyrs* : Le premier de ces jugements, qui est du 26 juin 1684.

cune part à la prise d'armes et qu'ils n'eussent que repris
ou conseillé de reprendre les fonctions du Saint-Minis-

regarde les ministres du Bas-Languedoc et condamne par défaut :
M. Icard, ministre de Nimes, à être rompu vif et tous ses biens confisqués ; M. Peirol, ministre de la même ville, et M. de la Borie, ministre
d'Uzès, à être pendus, avec confiscation de tous leurs biens; ce qui a été
exécuté en effigie au marché de Nimes, le 3 juillet suivant. MM. Cham-
bon, Escoffier, Arnaud, Benoît et Rey, ministres d'Aimargues, de Saint-
Gilles, de Vauvert, de Congénies et de Vergèze, défendeurs, à l'interdiction pour toujours et à une amende de trois cents livres chacun.
M. d'Abrénethée, ministre du Caila, aussi défendeur, à l'interdiction
pour trois ans et à une amende de cent livres ; MM. Gibert et de
Vignoles, ministres de Saint-Laurent et du Caila, aussi défendeurs, à
l'interdiction pour six ans et à trois cents livres d'amende chacun, et
M. Modens, ministre de Marsillargues, aussi défendeur, à l'interdiction
pour toujours et au bannissement de la province pour cinq ans. Avec
défense à tous ces ministres défendeurs de résider plus près qu'à six
lieues de leurs Églises. Le même jugement décrète encore contre
MM. Marchan, Coustantin, Bruguière et Grizot, ministres de Beauvoisin,
d'Aiguesmortes, de Calvisson et de Nages, et contre M. Gautier, ci-
devant ministre de Montpellier.

Le second jugement, qui est du même jour 3 de juillet, regarde les ministres des Cévennes, et condamne par défaut : MM. Rossel père, d'Olim-
pies et de la Roquette, ministres du Vigan, de Saint-Paul et de Mono-
blet, à être rompus vifs et tous leurs biens confisqués : MM. Vial, Gally
de Ganjac, Teissier, Dautun, Grougnet, Mazel, Cordil, Boyer, Astruc et
Rossel fils, ministres d'Aulas, de Mandagoût, de Saint-Romain, de
Saint-Privat, de Saumanne, de Gabriac, de Vestric, de Canaules, d'Ai-
grement et d'Avèze, à être pendus et leurs biens confisqués, ce qui a
été exécuté en effigie au marché de Nimes, le 4 du même mois. Le
même jugement, sur des prétextes fort légers et fort injustes : MM. Ai-
gouïn et Pistory, ministres de Sumène et de Saint-Laurent, défendeurs, à l'interdiction pour trois ans, à deux cents livres d'amende
chacun, et à ne pouvoir résider qu'à six lieues de leurs Églises ; et
MM. Portal et Barthélemi, ministres de la Salle et de Molières, aussi
défendeurs, à l'interdiction pour trois ans, à cent livres d'amende, et à
ne pouvoir aussi résider qu'à six lieues de leurs églises. Il décrète encore

tère dans les Églises où ils avaient été injustement interdits. »

prise de corps contre M. Roux, ministre de Toiras, et interdit les exercices des lieux de Sumène, Molières et Avèze.

Il n'est question, comme on le voit, dans ces deux jugements, ni de
Brousson ni de Fonfrède.

CHAPITRE II

Brousson était déjà en Suisse. Après l'affaire de Nimes, vers la fin de 1683, il se retira d'abord à Genève et de là à Lausanne, où il continua à exercer sa profession d'avocat. Sur la demande qui lui en fut faite par les ministres réfugiés qu'il rencontra en Suisse, il écrivit et fit imprimer, en 1684, son *État des Réformés de France*, suivi de l'*Apologie du projet des Réformés fait à Toulouse* en 1683. Ce projet était en grande partie son œuvre ; aussi, mieux que personne pouvait-il le justifier.

Il adressa le tout au roi, en le faisant précéder d'une requête conçue dans les termes les plus respectueux. « Soufrez, Sire, que vos sujets malheureux exposent aux yeux de Votre Majesté les maux dont on les accable et la dure extrémité où ils sont réduits.... Ils n'ont garde d'attribuer leurs maux à leur Auguste Monarque; ils sont persuadés de la Bonté et de l'Équité naturelle de Votre Majesté, et ils ne se plaindront jamais que du peu de charité et d'équité et du peu de bonne foi de leurs adversaires qui imposent incessamment à Votre Majesté, surprennent sa gloire, désolent, désespèrent, font périr ou chassent de son Royaume ses meilleurs sujets, et ruinent visiblement son État[1]. »

Dans les deux parties qui composent l'*État des Réfor-*

---

[1] *État des Réformés en France* : Requête au Roi.

més, Brousson établit que les Édits de pacification sont des monuments perpétuels de la parole royale ; justes et nécessaires pour le bien de l'État, les serments qui les confirment les rendent sacrés et inviolables. La Religion réformée qu'ils protégent a droit de cité en France ; Brousson le montre par l'exposé des doctrines. Cependant, depuis l'avénement de Louis XIV ces traités, respectés de ses prédécesseurs, sont annulés, article par article, par de nouveaux Édits : la ruine des Protestants est décidée.

« On les a chassés des consulats, des charges, des assemblées politiques, des assiètes, des diocèses et des États de Province, pour les faire ramper dans la bassesse et leur ôter la protection de la justice et les moyens même de se défendre ; on les a dépouillés de leurs dignités, on les a privés, non-seulement de toutes les charges seigneuriales, de tous les offices aux Cours des Contes, Aides et Finances, aux siéges présidiaux, sénéchaussées, baillages et autres siéges du Royaume, et du droit même de pouvoir être appelés aux jugements des procès en qualité de simples accesseurs et opinans, mais encore de tous les offices de notaires, procureurs, huissiers et sergens. On leur ravit tous les moyens de gagner du pain, et on les exclut pour cet effet de tous les emplois et des arts et métiers les plus mécaniques.

Nos adversaires s'arment de rigueur contre nous avant que nous soyons nés et nous ôtent les personnes qui peuvent nous secourir dans la naissance. Lorsque nous sommes venus au monde, ils nous persécutent dès le berceau ; ils nous font vivre dans l'obscurité, dans les alarmes, dans la souffrance et dans la misère. Quand nous sommes prêts de sortir du monde et d'aller chercher dans le Ciel le repos que nous n'avons pu trouver sur la terre, il semble qu'ils ayent du chagrin que nous échapions à leur animosité et ils viénent nous tourmenter au milieu de l'agonie. Et lorsque nous sommes morts, ils poursuivent nos corps jusqu'au tombeau ; ils nous ravissent les lieux où ceux de nos pères reposent et où les nôtres devaient reposer avec eux ; et ils ne soufrent pas que tous nos parens et tous nos amis honorent notre sépulture de leur présence , et souvent ils exercent leur rage sur nos corps qui seraient alors des objets de pitié pour les peuples les plus barbares[1]. »

Telle était en effet la situation. L'*Apologie du projet des Réformés* était destinée à prouver qu'en l'état où ils étaient réduits, ils ne pouvaient prendre de résolution plus sainte et plus modérée que celle qu'ils avaient prise.

« Que faire donc dans une telle extrémité? Ceux qui examineront la chose selon les maximes de la politique, et dans les vûës purement humaines, qui sont celles qui plaisent davantage à la plûpart des chrétiens de ces derniers siècles, diroient sans doute qu'il faloit céder au tems, et attendre une conjoncture favorable. Mais ce ménagement mondain eût été une fausse prudence.

« Pour céder, il faloit se laisser emporter au torrent ; il n'y avoit point de milieu, il ne dépendoit pas de nous de faire suspendre les coups qui devoient nous accabler. L'Édit de Nantes aloit être entièrement aboli, et outre la privation de la liberté de conscience, on aloit être exposé à la dernière misère. Les personnes riches qui pensoient le plus à temporiser auroient peut-être subsisté pendant quelque tems, mais on aloit achever de ravir au peuple le pain de la main ; et quand il auroit été détruit, ou qu'il auroit succombé sous la tentation, les riches n'auroient pas échapé , cependant nôtre conscience soufroit une gêne mortelle en cent divers égards; nos enfans demeuroient sans instruction ; nous étions d'ailleurs sur le point de nous les voir enlever dès la naissance, et nous-mêmes étions à la veille d'être forcés par des amendes et par de mauvais traitemens d'aller à la messe; de plus, lorsque l'on nous défend de nous acquiter des devoirs de la conscience, et que l'on nous prive de la prédication de la Parole de Dieu, de ses sacremens, et de la liberté de lui

---

[1] *État des Réformés en France*, pag. 136 et 137.

rendre le ulte qui lui est dû , si notre prudence charnelle pouvoit nous persuader qu'il faut céder au tems pour éviter de soufrir, elle nous persuaderoit bien aussi de renier Dieu de bouche pour conserver notre repos et le peu de bien qui nous reste; et lorsque l'on est capable de le renier de bouche, on n'est pas loin de le renier de cœur.

Mais encore, qui pouvoit assurer que cette conjoncture favorable se seroit présentée avant que nous eussions été exterminés? La même puissance de notre Monarque, qui auroit pû faire naître la pensée de diférer, faisoit juger que le tems n'étoit guère disposé au changement. Ce prétendu changement étoit donc fort incertain, et cependant il étoit très certain que nous périssions. D'ailleurs il est constant que c'est cette fausse prudence qui nous a fait le plus de mal : nos adversaires s'en sont prévalus pour nous faire pousser à bout; ils l'ont regardée et l'ont fait considérer à la Cour comme un défaut de zèle, qui leur faisoit espérer d'abolir la Réformation sans beaucoup de peine. Si ce grand Prince eût connu que nous eussions eu de l'attachement à nôtre Religion, et qu'il ne pouvoit s'engager à la détruire sans se mettre dans la nécessité de faire mourir plusieurs millions de personnes, et de désoler son Royaume, il n'auroit jamais eu cette pensée. Il est trop judicieux et trop bon pour souhaiter la mort de tant de sujets fidèles et innocens, et pour vouloir faire une aussi grande brèche à son État.

Enfin, que conçoit-on par ce prétendu changement qui auroit pu arriver? Supposé que c'eût été une chose infaillible que l'État eut dû s'engager dans des affaires étrangères, est-ce que des affaires étrangères sont seules capables de nous faire changer de condition? N'avons-nous pas vu déjà une guerre assez longue et assez considérable? Cependant laissoit-on d'exécuter le dessein de nous détruire, bien loin de révoquer ce qui avoit été déjà fait contre nous? Et dès que la paix fut concluë, ne travailla-t-on pas à notre ruine avec une ardeur inconcevable? Qu'aurions-nous donc pu faire d'utile pendant ces affaires étrangères? Aurions-nous parlé plus fortement qu'à l'ordinaire, pour donner des considérations? Mais, ou l'on nous eut méprisés, ou, si l'on ne l'eût pas fait, on aurait dissimulé et tâché de nous apaiser ; et ensuite on nous aurait traités comme des perfides, qui font appréhender un soulèvement quand l'État se trouve aux prises avec ses ennemis. C'est pourquoi nous crûmes, que puisque nous ne pouvions éviter de nous exposer, pour témoigner nôtre zèle, pour satisfaire nos consciences et pour prévenir les grands maux qui nous menaçoient, nous devions le faire dans un tems où nos assemblées de piété ne pouvoient être soupçonnées de mutinerie.

Si nous considérons ensuite la chose selon les maximes de l'Évangile, nos ménagements ne servoient qu'à irriter davantage notre Dieu. Quand il s'agit des devoirs qu'il nous recommande, et qu'il est surtout question de son service et de sa gloire, il ne veut pas qu'on se relâche par des considérations mondaines. Il proteste qu'il a de l'horreur pour les tièdes et pour les timides : il dit qu'il vomira les uns de sa bouche, et que les autres n'auront point de part à sa félicité. Il ne veut pas des gens qui craignent plus ceux qui peuvent tuer le corps que Celui qui peut envoyer l'âme et le corps en la gêne du feu. Il rejette les personnes qui cherchent à sauver leur vie par de lâches et d'infidèles temporisements ; et il n'aime que ceux qui se mettent en état de la perdre pour l'amour de lui. Il a en abomination ceux qui veulent servir à deux Maîtres, à lui et à Mammon, qui est le Dieu des richesses ; et il déteste encore plus ceux qui ont moins d'atachement à son service qu'aux vanités du siècle.

Dans le malheureux état où nous nous trouvons, nous ne pouvons espérer notre délivrance que du Ciel ; comment donc pouvons-nous attendre le secours de notre Dieu pendant que nous l'irritons par notre infidélité ? Est-ce le moyen d'attirer sa protection, que d'abandonner son culte et les intérêts de sa gloire, et d'obéir plutôt aux hommes qu'à lui ? L'Écriture nous dit qu'il faut craindre Dieu et honorer le Roi, pour nous marquer que c'est Dieu et non les hommes qu'il faut appréhender en bien faisant ; et que, quand on craint Dieu, on ne doit rien craindre de la part des hommes ; en un mot, il maudit ceux qui font son œuvre lâchement. Il faloit donc nous déclarer pour Dieu, afin qu'il se déclarât pour nous ; l'unique moyen de nous garantir, c'est de nous mettre en état de tout perdre pour son service.

« L'Évangile ne nous prêche que des croix et des tribulations, et pouvons-nous prétendre de vivre en repos et de conserver nos commodités, pendant que la gloire de Dieu est attaquée si ouvertement, et que l'on travaille puissamment à abolir la pureté de sa doctrine et de son culte ; c'est alors un tems de pleurs et de soufrance. Il faloit donc nécessairement se résoudre à soufrir pour la cause de l'Évangile [1]. »

En effet, les Réformés avaient épuisé tous les moyens d'émouvoir la pitié des Puissances et de Sa Majesté même. Ils n'avaient fait que prier Dieu selon la liberté donnée par les Édits et Traités de pacification, et cependant on avait souffert, non-seulement que les catholiques romains se soulevassent contre eux, mais on avait même envoyé des troupes pour massacrer les Réformés. Brousson termine par le récit des premières hostilités et de toutes les horreurs commises par les convertisseurs bottés.

L'année suivante (1685), Brousson composa les *Lettres au Clergé de France.* Après avoir essayé de toucher le grand Roi, il s'adressait à ceux qui le faisaient agir. Il espérait, en leur montrant la pureté de la Religion réformée, arrêter la persécution qu'ils avaient déchaînée. La réponse à ces Lettres fut la Révocation de l'Édit de Nantes.

Au témoignage du clergé, l'œuvre de conversion allait être achevée.

---

[1] *Apologie du projet des Réformés,* pag. 16 et suiv.

« Nous voyons présentement avec la juste reconnaissance que nous devons à Dieu, que nos soins ont eu la fin que nous nous sommes proposée : la meilleure et la plus grande partie de nos sujets de la dite R. P. R. ont embrassé le catholicisme[1]. »

Brousson avait prévu cette mesure funeste et n'avait rien épargné pour arrêter le roi sur la pente fatale où le poussaient son orgueil et un clergé intolérant et dominateur.

Avec la sûreté de coup d'œil qui manque rarement aux esprits droits servant la vérité sans faiblesse, l'humble avocat de Toulouse sentait que la persécution ne frappait pas seulement ses frères en la foi, mais blessait la France au cœur. Un siècle plus tard, ses prévisions étaient pleinement justifiées : les descendants du grand Roi et sa noblesse mangeaient à leur tour le pain amer de l'exil ; le clergé proscrit errait d'asile en asile ; et la nation affaiblie, privée de ceux de ses enfants qui lui auraient donné à la fois la mesure et la persévérance dans l'énergie, était déchirée par les passions les plus violentes. Brousson avait eu trop raison en suppliant Louis XIV de ne pas faire « une si grande brèche » à son royaume.

Le dernier coup est porté au Protestantisme : il n'a plus droit de cité en France. La voix éloquente qui tant de fois s'est élevée pour défendre les opprimés ne se fera-t-elle plus entendre ? Les malheurs du Peuple de Dieu firent de l'avocat un pasteur, du défenseur un consolalateur.

Ce ne fut cependant pas au lendemain de ces tristes

---

[1] *Édit de Nantes*, 22 octobre 1685.

événements que Brousson abandonna sa profession. Il resta hors de France jusqu'en 1689, mais ces années furent pour lui des années d'angoisse pendant lesquelles il cherchait la voie que Dieu lui traçait.

Une nouvelle tâche se présenta tout d'abord. Les Protestants français, fuyant la persécution, arrivaient à l'étranger privés de tout moyen de subsistance : ils avaient dû sacrifier leurs biens terrestres à la libre profession de leur foi. Les réfugiés établis depuis plusieurs années en Suisse se préoccupèrent de cet état de choses et chargèrent MM. de Laporte, pasteur des Cévennes, et Claude Brousson de se rendre en Allemagne et en Hollande, afin d'émouvoir la pitié des souverains de ces États en faveur des réfugiés français.

Brousson était encore à Lausanne quand, le 1er novembre, son frère, qui se rendait de Montpellier à Amsterdam, vint le rejoindre.

Cette joie du revoir fut une joie troublée : Daniel Brousson laissait en arrière sa femme et sept enfants qui ne le rejoignirent qu'après des périls sans nombre. Son fils Claude, du nom de son oncle, fut pris deux fois sortant du royaume et dut son salut à une abjuration forcée ; cinq des filles furent retenues dans un couvent, par ordre de Basville ; enfin, leur mère, femme d'une rare énergie, arrêtée plusieurs fois se dirigeant vers la frontière, et qui déclarait à l'Intendant « qu'elle se remettrait en chemin toutes les fois qu'elle pourrait le faire [1] », sortit seule du royaume. Deux de ses filles la suivirent de près à

[1] *Relation de la sortie de France de Daniel Brousson*, par Claude Brousson, son fils, et neveu du pasteur dont nous retraçons l'histoire.

Genève, et quelques années plus tard ses autres enfants, sorties du couvent, vinrent compléter le cercle de la famille en Hollande.

Bientôt après, MM. de Laporte et Brousson commencèrent leur voyage. Ils allèrent d'abord à Arau, où étaient réunis les Cantons évangéliques, remercier Leurs Excellences de la grande charité qu'elles avaient exercée envers les Réformés et les supplier de la leur continuer. Ils se rendirent ensuite à Stuttgardt. Ils voulaient obtenir pour les Réformés l'autorisation de s'établir dans le Wurtemberg ; mais le prince Régent leur montra les inconvénients qu'il y aurait pour eux à se fixer dans un pays ouvert aux environs de Strasbourg. Le gouverneur de cette ville avait déjà fait savoir que Louis XIV trouverait mauvais qu'on donnât retraite, dans le Wurtemberg, à des sujets traités par lui de rebelles et de déserteurs. Le Régent leur promit néanmoins tous ses soins pour ceux qui traverseraient ses États. Les députés visitèrent successivement Nuremberg, Baireuth, Leipzig, ne parvenant à exciter que fort peu de pitié en faveur de leurs frères persécutés. Ils arrivèrent enfin en Brandebourg, où Son Altesse Électorale leur fit un accueil vraiment cordial. Elle s'informa de l'état des Réformés en France, sympathisa à leur misère et demanda à Brousson et à de Laporte comment on les avait reçus dans les différentes villes qu'ils venaient de traverser. Elle voulut bien déplorer l'indifférence qu'on leur avait témoignée et en chercher les causes afin d'y porter remède. Les députés lui firent part de leurs observations. « Les Luthériens ne considèrent pas les Réformés comme des frères et comme des confesseurs qui souffrent pour la vérité : s'ils prennent quelque part à nos maux, ce n'est que par un principe d'humanité et non dans la vue de la communion qu'il doit y avoir entre les fidèles. Cela nous fait juger qu'il faut que les Luthériens soient dans d'étranges préjugés contre nous[1].»

Il importait donc de montrer aux Luthériens que les Réformés étaient de véritables chrétiens. On décida d'écrire quatre lettres adressées à tous les fidèles protestants évangéliques : la première exposerait la persécution endurée par les Réformés en refusant de professer une religion considérée par eux comme impure ; la seconde montrerait que les dogmes, le culte, le régime ecclésiastique et la morale des Réformés, étaient conformes aux enseignements de la Bible ; la troisième prouverait que les points où les Luthériens et les Réformés sont en dissentiment ne sont pas essentiels et ne peuvent les empêcher de se reconnaître pour frères ; enfin, la quatrième, adressée aux Rois, Électeurs, Princes et Magistrats protestants, mettrait devant leurs yeux les grands motifs qui devaient les porter à faire cesser un schisme si préjudiciable à l'Église et les exhorterait à travailler à l'union des fidèles. Les *Lettres des Protestants de France à tous les autres Protestants de l'Europe* furent le résultat de ce projet. Brousson les composa à Berlin, ce qui l'obligea à y prolonger son séjour. Elles furent imprimées aux frais de l'Électeur, envoyées par ses soins dans tous les États Luthériens et distribuées à tous les ambassadeurs de cette communion qui étaient à sa cour.

Ces Lettres ne laissèrent pas de produire un heureux

[1] *Relation du voyage que firent MM. de Laporte et Brousson au commencement de la dispersion des Églises de France*, 1685 - 1686. Preuve I.

effet ; elles firent accueillir favorablement, dans certains États les demandes des deux députés. L'Électeur de Brandebourg facilita également leur tâche en écrivant lui-même à plusieurs princes allemands.

Le séjour à Berlin s'était prolongé plus que ne s'y attendaient les députés ; il ne tenait qu'à Brousson de s'y établir définitivement. L'Électeur avait su apprécier cette âme d'élite, cette intelligence si bien douée, et il voulut se l'attacher. Il lui offrait une place de professeur à Berlin. Brousson refusa : il se sentait appelé à une tâche moins facile assurément, mais que lui imposait sa conscience.

De Berlin, les députés se rendirent en Hollande, où ils eurent plusieurs entretiens avec le prince d'Orange et le Grand-Pensionnaire, M. Fagel, et ils n'eurent que des remercîments à leur adresser. Un fonds avait été déjà établi pour l'entretien des pasteurs et des officiers réfugiés. Brousson et son collègue abandonnèrent alors leur projet de passer en Angleterre, en apprenant qu'on s'y préoccupait de l'état des Réformés et qu'une collecte était faite pour leur venir en aide. Ils revinrent donc en Suisse vers la fin de l'année 1686.

Brousson fit imprimer, en 1687, les trois premières parties de ses *Lettres aux Catholiques romains*, et en envoya sept mille exemplaires en France.

Dominé par une pensée unique, le relèvement et la consolation de son Église persécutée, sa profession d'avocat lui est à charge, et il se dépense tout entier au service de ses frères. Il devient l'âme du Comité des Réfugiés établi à Lausanne, et veille à ce qu'une nouvelle députation aille représenter aux princes protestants le déplorable état de leurs coreligionnaires français. Il fait aussi agir auprès du roi de Suède, afin d'obtenir pour les Réformés établis dans son royaume le droit de faire baptiser leurs enfants par des pasteurs de leur communion [1].

La plupart des ministres étaient sortis de France à la Révocation, et les troupeaux, sans conducteurs, après une première résistance, avaient cédé aux menaces et aux supplices. Brousson écrit alors ses *Lettres aux Réfugiés de France* (1689), adressées aux pasteurs. Il les rend responsables de cet état de choses et leur montre qu'ils n'avaient pas, comme les simples fidèles, le droit de fuir la persécution.

« Vous devez considérer si, par votre retraite et par votre longue absence, vous remplissez tous les devoirs de vos saintes charges. Il est vrai que les hommes vous ont défendu de prêcher, mais Dieu vous le commande. C'est Dieu qui vous a ordonné d'annoncer son Évangile, il n'y a que lui qui ait le droit de vous imposer silence, et vous devez lui obéir plutôt qu'aux hommes. J'avoue que presque tous ceux qui étoient commis à votre conduite ont abjuré la vérité. Mais vous savez que c'est la persécution ou la terreur qu'elle jetoit dans les esprits qui ont arraché de leur bouche cette abjuration contre les sentiments de leur cœur.....

» Aujourd'hui l'orage n'est pas si furieux, et vous pouvez aprendre tous les jours que Dieu suscite d'autres Pasteurs pour ramener ces pauvres brebis égarées : que les brebis entendent leur voix et qu'elles les suivent. Qu'on ne dise donc point qu'avant que de vous éloigner d'elles, vous les avez averties du danger où elles étoient et que vous les avez munies de vos con-

---

[1] *Lettres à M. de Mirmand* des 6 mars et 13 avril 1688.

seils. Si c'étoient des conseils et des exhortations à la repentance, vous avez bien fait de les leur adresser ; mais cela ne
vous dispense pas à l'avenir des fonctions de votre ministère.
Si c'étoient des conseils pour la retraite, vous devez considérer
que tous ceux qui composoient vos troupeaux n'ont pas eu la
liberté de les suivre. On vous a donné des passe-ports, mais on
vouloit retenir le peuple..... Il s'agit que vos brebis égarées
sont en France pour vous obliger à les aller chercher. Quand
il n'y en resteroit qu'une, il faudroit quitter les autres pour
aller chercher celle-là.....

» Ha ! que la défiance que plusieurs de vous témoignent doit
leur faire craindre que l'esprit de force ne s'éloigne entièrement
d'eux..... Ne craignez ni les hommes ni les démons, votre foi
sera la victoire du monde. Dieu vous couvrira de sa colonne de
nuée, et s'il permet que quelques-uns de vous tombent entre les
mains de vos ennemis, il les remplira tellement de la vérité de
son Esprit qu'il leur fera mépriser la mort et les fera éclater
en chants de triomphe au milieu même des tourmens.....

» Si depuis longtemps vous eussiez pris le soin de faire connoître
à vos peuples et aux ennemis que vous étiez tout disposés à
préférer votre devoir à votre vie, vos peuples auroient eu peut-
être plus de fermeté et vos ennemis ne vous auroient pas peut-
être pousssés à bout. Si dans la suite vous vous fussiez dérobés
à la recherche des persécuteurs ; si vous eussiez d'abord fait
votre retraite dans les bois, dans les cavernes et dans les fentes
des rochers, que vous fussiez ensuite allés de lieu en lieu, que
vous eussiez exposé vos vies pour continuer à instruire et à
rassurer les personnes que le premier choc de l'ennemi avait
effrayées et que vous eussiez souffert le martyre avec fermeté
lorsque la Providence vous y eût appelés, comme ont fait d'autres fidèles qui ont exercé vos saintes charges en votre absence ;
peut-être que ces exemples de constance, de zèle et de piété
auraient relevé le courage de vos troupeaux et arrêté la fureur
de vos ennemis. Quand Dieu permet que les Pasteurs meurent
pour l'Évangile, ils prêchent plus hautement et plus efficacement
dans le sépulcre qu'ils ne faisoient durant leur vie, et cependant

Dieu ne manque pas de susciter d'autres ouvriers en sa moisson [1]. »

Ces Lettres aux pasteurs réfugiés, bien qu'écrites dans un esprit chrétien, en blessèrent quelques-uns. Brousson reçut de nombreuses réponses, remplies de reproches fort vifs et contenant même des injures à son adresse. Dans l'une d'elles, il était dit que puisque Brousson engageait les pasteurs à rentrer en France, il n'avait qu'à leur donner l'exemple ; s'il ne lui manquait que la vocation, on la lui donnerait facilement. Brousson répondit par les lignes suivantes, bien propres à humilier, par leur modération, celui qui avait écrit ces paroles peu dignes d'un ministre de Jésus-Christ.

« Il me semble, lui disoit ce fidèle serviteur de Dieu, il me semble que lorsqu'on nous exhorte à faire notre devoir, il n'est pas à propos de répondre qu'on doit le faire pour nous et de nous décharger sur autrui de ce que nous sommes obligés de faire nous-mêmes. Je souhaiterois néanmoins que Dieu m'eût donné le talent qu'il vous a donné et celui que j'ai reçu de sa grâce, et je voudrois en même temps pouvoir faire valoir l'un et l'autre. Mais Dieu fait ses dons comme il lui plaît. Je combats à ma manière et vous devez combattre en la vôtre.

» Si je pouvois faire en France ce que je fais dans ce païs, je crois que Dieu, qui par le passé m'a donné le courage de m'exposer plusieurs fois à de terribles dangers, pour les intérêts de sa gloire et pour ceux de son Église, m'accorderoit toujours le même secours de son esprit, afin que je pusse continuer à m'acquiter de mon devoir. Mais je ne vois pas qu'en France je pusse faire pour l'Église ce que je fais hors du Royaume. Si toutefois, ajoutoit-il, Dieu me fait connoître, ou que je puisse

---

[1] *Lettres aux réfugiés de France* citées par Court ; *Histoire des Martyrs.*

continuer en France ce que je fais, ou que j'y puisse travailler plus utilement que dans ce païs pour l'avancement de son règne, je ne refuse point d'y aller, et d'abandonner de nouveau ma vie pour son service. Il ajoutoit encore que son esprit étoit sur ce sujet dans une grande perplexité; qu'il aurait voulu continuer ce qu'il avoit commencé; mais qu'il souhaitoit aussi avec ardeur d'aller visiter ses frères, qu'il demandoit à Dieu de lui faire connoître sa volonté et de lui donner de plus en plus la force de la suivre, afin de ne rien faire qui ne fut agréable à ses yeux, et qu'il n'accompagna de sa bénédiction et de sa grâce [1].»

Depuis longtemps déjà sa conscience le pressait de rentrer en France, afin d'y consoler et fortifier ses frères affligés. Il avait toujours à l'esprit ces paroles : « Israël, tes prophètes ont été comme les renards au désert. Vous n'êtes point montés aux brèches et vous n'avez point réparé les cloisons pour la maison d'Israël, pour vous trouver au combat en la journée de l'Éternel. » (Ézéch., xiii, 4, 5.) « Maudissez Méroz, a dit l'Ange de l'Éternel, maudissez à bon escient ses habitants, car ils ne sont point venus au secours de l'Éternel avec les forts. » (Juges, v, 23.)

La responsabilité que ces paroles faisaient peser sur lui l'aurait décidé; mais dans son humilité il ne se croyait pas capable d'accomplir l'œuvre qui s'offrait à lui. Des circonstances voulues de Dieu mirent fin à ses hésitations. Ses écrits, qui avaient consolé tant d'affligés, relevé tant d'âmes prêtes à tomber, ne parvenaient plus en France.

Brousson se sentait pressé de porter lui-même les consolations de l'Évangile à ses frères sous la croix, quand un certain de nombre de réfugiés, parmi lesquels

---

[1] Court; *Histoire des Martyrs.*

se trouvaient Vivens, Lapierre, Serein, Boisson, Dombres, Pontaut, Papus, Debruc, prirent la résolution de rentrer en France et engagèrent Brousson à les suivre, en lui adressant en quelque sorte vocation. Cet appel fut pour lui décisif, et il se prépara par des jeûnes et des prières à la mission difficile et périlleuse qu'il allait entreprendre. Brousson brûlait du désir de se mettre à l'œuvre, sa conscience était tourmentée à la pensée qu'il n'accomplissait pas son devoir ; mais le départ, qui devait avoir lieu dans les premiers mois de 1689, était sans cesse retardé par de nouvelles raisons.

Il tomba dans une fièvre lente qui donna de grandes préoccupations à ceux qui l'entouraient. « Il vit bien que Dieu le feroit infailliblement mourir s'il résistoit plus longtemps aux mouvements de son Esprit; c'est pourquoi il conclut en lui-même que s'il faloit mourir, il valoit bien mieux qu'il allât mourir en France en suivant le mouvement de sa conscience, que de mourir ailleurs de langueur en ne s'acquitant pas de son devoir[1]. »

Brousson décida ceux qui lui avaient adressé vocation à ne plus différer leur départ, et il fut convenu qu'on se diviserait en quatre groupes, qui le 22 juillet partirent de différents lieux. Brousson, encore faible, était accompagné du ministre Debruc, qui, seul de tous les pasteurs réfugiés, rentra en France. Ils arrivèrent tous deux dans les Cévennes sans encombre.

Vivens[2] les y avait devancés depuis quelques mois ; ses

---

[1] *Relation sommaire des merveilles que Dieu fait en France*, pag. 16.

[2] François Vivens, né vers 1664 à Valleraugue, dans les Cévennes, exerçait les modestes fonctions de maître d'école. A la Révocation, il se retira sur les montagnes avec de nombreux fidèles ; sa connaissance des

troupes venaient d'être vaincues à Florac, et, en proie à
un profond découragement, il s'était réfugié dans une caverne, lorsqu'on vint lui dire qu'un étranger, arrêté à
l'entrée du souterrain et conduit par un de ses amis, demandait instamment à lui parler. « Laissez-le avancer,
répondit-il tristement, dans l'abattement où je suis, la
mort serait un bien pour moi ; cet homme m'est présenté
par un ami, le Ciel prend pitié de ma misère, c'est un
ange consolateur qu'il m'envoie. » L'inconnu avance ;
Vivens l'aperçoit à la lueur des flambeaux. Quelle joie !
il vole à lui, il l'embrasse, il le baigne de ses larmes : c'é-
tait Brousson[1]. Pendant plusieurs mois, cette caverne fut
leur seul asile.

Écritures, sa piété, firent bientôt de lui un pasteur aimé des fidèles,
redouté de la Cour. L'Intendant voulut se débarrasser de lui et lui fit
offrir un passeport. Vivens accepta les offres qui lui étaient faites, à la
condition qu'on laisserait sortir avec lui tous les fidèles qui fréquentaient
ses assemblées. Trois troupes, s'élevant à trois cents personnes, devaient
être successivement conduites à la frontière. Les promesses faites furent
violées. Une des troupes fut conduite en Espagne, l'autre en Italie, la
troisième enfermée au fort de Brescou. On eut même l'infamie de publier
qu'il avait acheté la permission de sortir de France par la trahison.

Délié de ses promesses par la mauvaise foi de Basville, Vivens revint
en France en 1689. Des subventions reçues de l'étranger lui permirent
d'armer une petite troupe qui venait d'être battue à Florac au moment
où Brousson rentrait aussi dans le royaume. De Basville mit sa tête au
prix de 5,000 livres, et frappait de peines terribles ceux qui étaient
soupçonnés de lui donner asile. Vivens, exaspéré, résolut de venger ces
derniers en frappant leurs délateurs : les curés de Saint-Marcel et de
Conqueyrac, le ministre apostat Bagard, tombèrent sous ses coups.

[1] *Histoire des troubles des Cévennes*, par M. l'abbé Valette. Nimes,
Bibliothèque, manusc. n° 13858.

CHAPITRE III

Brousson espérait introduire avec lui en France des ballots de ses écrits qu'il avait préparés avant son départ. Il dut y renoncer et chercher un autre moyen d'action. Il écrivit alors de petits traités dont il faisait de nombreuses copies et qu'il distribuait. Il allait ensuite de maison en maison, lisait la Parole de Dieu, la méditait ; mais n'ayant pas reçu la consécration, il ne prêchait pas dans les assemblées et ne donnait pas les Sacrements.

L'acharnement qu'on avait mis à poursuivre les Réformés semblait redoubler ; les soldats faisaient de continuelles descentes dans les maisons pour découvrir les livres de piété ou quelque prétexte à procès ; ils traînaient les gens à la messe, les prisons regorgeaient de monde, les ministres étaient conduits au supplice.

Sur ces entrefaites, on apprit dans les Cévennes que le roi d'Angleterre allait envoyer des troupes pour délivrer les Réformés. On écrivait du Bas-Languedoc que M. le maréchal de Schomberg, au service du roi de la Grande-Bretagne, était sur le point d'entrer dans le royaume avec une armée. Ces faits se passaient dans le mois de septembre 1689. Brousson aurait voulu conférer avec les principaux habitants du pays pour les engager à supplier très-humblement Sa Majesté de rendre aux Réformés leur première liberté. Il désirait aussi leur représenter

que, dans le cas où une puissance étrangère viendrait à
s'emparer du pays, ils devaient prendre des mesures
pour se réserver la liberté de retourner sous la domination de Sa Majesté après avoir obtenu d'elle le droit du
libre exercice de leur culte ; enfin, il voulait leur conseiller de ne pas souhaiter une délivrance due à la prise
du pays par les étrangers : le roi ne consentirait jamais à
la perte de ces provinces, et ce serait un sujet continuel
de guerre[1].

Mais Brousson, pour échapper aux poursuites de ses
ennemis, avait à prendre de nombreuses précautions ;
aussi ne put-il s'entretenir avec les personnes qu'il tenait
à mettre en garde contre des espérances fondées sur l'intervention de l'étranger. Il se décida donc à faire lui-
même une nouvelle tentative auprès de Basville[2].

Brousson, Vivens et quelques autres fidèles s'étaient
retirés sur une haute montagne des Cévennes, où ils furent retenus par les neiges pendant plusieurs mois de
l'hiver. Ils y reçurent souvent, dans la bergerie qui leur
servait d'asile, Isabeau Redostière, fille d'un paysan du
petit village de Millyeirines, situé au pied de la montagne de Liron. Redostière, âgée d'environ 18 ans, et
Pintarde, âgée de 16 à 17 ans, fille d'un paysan du lieu
de Cros, près Saint-Hippolyte, allaient de lieu en lieu,
faisant des assemblées où elles exhortaient le peuple par
la Parole de Dieu à se convertir, à se sanctifier, à reprendre du zèle, à servir Dieu avec pureté selon ses

[1] Requête du 3 novembre 1698. (Archives de Montpellier.)
[2] Voir aux Preuves l'admirable lettre de Brousson à M. de Basville,
1er novembre 1689. Preuve IV.

commandements, et à lui être fidèle jusqu'à la mort. Elles fortifiaient et édifiaient les fidèles par des prières ardentes et admirables. Dès qu'elles apprirent la présence de Brousson dans les Cévennes, elles se rendirent près de lui ; il fut frappé du caractère de modestie, d'humilité, de simplicité et de piété de la première de ces jeunes filles, et eut souvent l'occasion de la revoir. Il aimait à s'entretenir avec cette chrétienne, remplie à un haut degré de la grâce de Dieu, et qui rendit plus tard, devant ses juges, un témoignage si ferme de sa foi [1].

Au mois de décembre, Brousson se trouvait encore dans cette même bergerie. Une petite assemblée venait de se former ; les fidèles se joignirent à Vivens et à Gabriel pour le supplier, au nom du Seigneur, de leur prêcher l'Évangile et de leur administrer la Sainte-Cène.

---

[1] Après qu'elle eut travaillé environ deux ans au salut et à la consolation du peuple, elle fut prise et menée devant M. l'Intendant, qui lui dit : « Hé bien ! êtes-vous une de ces filles qui se mêlent de prêcher ? » « J'ai fait, dit-elle, quelques exhortations à mes frères et j'ai prié Dieu avec eux lorsque l'occasion s'en est présentée. Si vous appelez cela prêcher, j'ai prêché. » — « Mais ne savez-vous pas, lui dit M. l'Intendant, que le roi le défend ? » — « Je le sais bien, lui dit-elle, Monseigneur ; mais le Roi des Rois, le Dieu du ciel et de la terre le commande, et je suis obligée d'obéir à Dieu plutôt qu'aux hommes. » Alors M. l'Intendant lui dit qu'elle avoit mérité la mort, et qu'elle ne devoit pas attendre d'autre traitement que celui qu'avoient souffert les autres qui avoient entrepris de prêcher contre les défenses que le roi en avoit faites. — Mais elle répondit que cela ne l'étonnoit point, et qu'elle étoit toute prête à souffrir la mort pour la gloire et le service de son Dieu. Après plusieurs autres discours, M. l'Intendant, voyant cette jeune fille disposée à souffrir le martyre, ne jugea pas à propos de la faire mourir, de peur sans doute que la constance de cette jeune fille ne produisît un effet tout contraire à son intention. Il se contenta de la condamner à une prison perpétuelle. (*Relat. somm. des merv. que Dieu fait en France.*)

C'était un nouvel appel de Dieu de se consacrer entièrement à la consolation de ses frères. Il se prépara donc à leur annoncer l'Évangile, après avoir supplié Dieu de bénir son œuvre. Vivens demanda d'abord au Seigneur, par une prière ardente, de répandre son Saint-Esprit sur ce nouveau ministre, de faire de lui un serviteur fidèle et de couronner ses travaux de succès. Brousson se tourna vers l'assemblée : « Hé bien ! mes frères, est-ce donc bien votre désir que je vous annonce la Parole de Dieu et que je vous administre le sacrement de son alliance ? » Les fidèles renouvelèrent leurs supplications. Brousson ajouta « que puisque c'étoit la volonté de Dieu qu'il leur prêchât l'Évangile et qu'il leur administrât le sacrement de son alliance, il le prioit de tout son cœur qu'il lui plût de lui accorder le salutaire secours de son Saint-Esprit et de lui en augmenter continuellement les grâces, afin que tout le temps de sa vie il pût travailler utilement pour la gloire de ce grand Dieu, pour l'avancement de son règne et pour le salut et la consolation de ses élus. » Brousson fit ensuite lui-même la prière de consécration, prêcha l'Évangile et administra la Sainte-Cène [1].

C'est ainsi que, avec une simplicité héroïque, nos pères demandaient à l'un des leurs de se mettre sur les rangs des martyrs, et que celui-ci acceptait avec reconnaissance ce poste périlleux.

Au commencement de janvier 1690, les deux pasteurs descendirent enfin de la montagne où ils avaient passé une partie de l'hiver. Brousson dut prendre le nom de Paul Beauclose ; et comme il ne connaissait pas assez le

---

[1] *Relat. som. des merv. que Dieu fait en France*, pag. 20 et suiv.

pays pour se diriger lui-même, il s'adjoignit Henri Pontaut [1]. Ce jeune homme, âgé de 25 ans, avait toujours persévéré dans la profession de la vérité, et s'était d'abord retiré dans les bois au commencement des persécutions, puis avait passé à l'étranger, d'où il revint en 1689, avec l'une des troupes qui partirent de Suisse. Issu du lieu du Saumane (Cévennes), Pontaut pouvait mieux que personne faciliter la tâche si périlleuse de Brousson.

Vivens, suivant le même exemple, avait pris pour guide et compagnon de travaux, Papus de la Vergaudie. Les deux ministres travaillèrent quelques mois ensemble à la consolation et à l'affermissement de leurs frères, partageant les mêmes encouragements, affrontant les mêmes dangers, puis se séparèrent pour travailler chacun de son côté, comme faisaient Roman, Lapierre, Gazan, Laporte et les trois frères Plans.

L'activité de Brousson devint prodigieuse ; ses efforts grandissaient avec les besoins du Peuple de Dieu. Pendant les deux premières années, il présidait trois ou quatre assemblées chaque semaine. Après avoir pris quelque repos, il parcourait de grandes distances, faisant des réunions à des intervalles plus ou moins rapprochés, présidant jusqu'à vingt assemblées sans s'arrêter quelques jours pour réparer ses forces. Il lui arrivait pendant quinze nuits consécutives de prêcher chaque deux nuits, en employant la nuit d'intervalle à voyager.

Dans les assemblées ordinaires, qui ne pouvaient avoir lieu qu'à une heure très-avancée de la nuit et commençaient généralement vers dix heures du soir, il parlait pendant

---

[1] **Nommé** ailleurs Portal. Pontaut est probablement un pseudonyme.

trois heures, et, quand il donnait la Cène, pendant quatre heures ou quatre heures et demie. La prédication et les prières étaient alors fort longues, et, à l'issue du service, Brousson faisait des exhortations d'un ton plus familier pour presser le peuple de revenir sur son abjuration arrachée par la crainte et à sortir de l'Église romaine. Ces prédications simples, mais puissantes, touchaient les âmes ; il ne se passait guère d'assemblée qui ne fût suivie du retour et de l'admission dans l'Église de ceux qui donnaient des témoignages publics de leur repentance et de leur foi.

Chaque jour Brousson réunissait le matin, à trois heures, et le soir, les familles qui le recevaient ou bien les personnes qui connaissaient ses retraites dans les bois. Il priait avec elles, leur adressait quelques exhortations. A ces cultes familiers, le zélé pasteur joignait le dimanche deux autres services dans lesquels il lisait avec les fidèles la Parole de Dieu ou l'un de ses sermons, et faisait suivre cette lecture de méditations sur le sujet.

Après avoir employé ses nuits à tenir les grandes assemblées et à se rendre d'un endroit à un autre, il prenait quelques heures de repos dans la matinée. Alors, caché dans une caverne et appuyé sur la planche qu'il portait toujours avec lui et qu'on appelait « la table du désert », il composait de nouveaux sermons et travaillait, par des Lettres pastorales, à renverser, dans les termes les plus simples et les plus clairs, les erreurs et les superstitions de l'Église romaine. Il faisait ensuite des copies de ces divers écrits et les distribuait pour l'édification du peuple.

Il trouvait encore du temps pour instruire son com-

pagnon ; il apprenait à Pontaut à lire et à écrire, et le
rendait ainsi capable de devenir plus tard, lui aussi, un ministre dont l'œuvre fut bénie. Tant d'activité ne pouvait
être perdue : le zèle du peuple se réveilla, les assemblées
devinrent plus nombreuses. De Basville redoubla alors
d'efforts pour atteindre les pasteurs.

Quatre ou cinq régiments, les garnisons des forts d'A-
lais, de Saint-Hippolyte et de Nimes avaient, dans les Cévennes et le Bas-Languedoc, la tâche de découvrir les
assemblées et de saisir ceux qui s'y rendaient. On joignit
à ces troupes les milices bourgeoises, composées de tous
les catholiques capables de porter les armes. Les faux
témoins servaient ensuite à faire condamner ceux que
l'on désirait perdre. C'est ainsi qu'au mois de janvier
1691, après une assemblée tenue à Boucoiran par Brousson, assemblée qui fut découverte, on fit arrêter six personnes de qualité des environs : MM. les barons de Fons
et d'Aigremont, M. de Sauzet, M. de Gajans son fils,
M Domessargues et M. du Fesc, qui furent tous condamnés et envoyés, les uns aux galères, les autres en prison, et
cela sur le rapport de faux témoins. Aucun de ces gentilshommes ne se trouvait à cette assemblée. Une personne distinguée par sa naissance s'y était rendue, ce
fait avait suffi pour perdre les six autres.

Brousson surtout avait à se tenir en garde. Il n'y avait
pas de localité où ne se trouvât une personne vendue à
l'Intendant pour le livrer. « On assuroit que M. l'Intendant se vantait d'en avoir huit cents dans les Cévennes
ou dans le Bas-Languedoc. Il est bien sûr que dans toutes
les villes, bourgs et villages il en avoit à sa solde. On
donnoit aussi des récompenses aux officiers et aux soldats

pour tous les serviteurs de Dieu et autres fidèles qu'ils prenoient à l'occasion des saintes assemblées. Et comme Brousson étoit alors considéré par les Puissances comme le principal auteur de ces assemblées et comme celui qui fomentoit celles qu'il ne faisoit pas lui-même, on disoit qu'il coûtoit huit cent mille livres à la Province[1]. »

A ces périls venaient se joindre les dangers plus grands encore que lui faisaient courir les faux frères. Brousson, jeune encore, avait connu à Nimes un certain Gautier[2], qui après avoir étudié pour le ministère n'avait pas tardé à abjurer. Pour témoigner du sérieux de sa conversion, l'apostat devint le dénonciateur de ses frères. Conduit dans les forts en qualité de prisonnier pour la Religion, il racontait les prétendues persécutions qu'il avait endurées et provoquait ainsi les aveux des fidèles prisonniers. Il acquit ainsi une foule de renseignements sur Brousson et Vivens, qu'il s'était engagé à livrer à Basville. Enfin, il obtint de l'Intendant l'autorisation de présider lui-même des assemblées qui, grâce à ses études théologiques et au zèle qu'il simulait, ne tardèrent pas à devenir nombreuses. Cet indigne apostat témoigna alors aux fidèles qui venaient l'entendre son désir de voir Brousson et Vivens pour leur exposer ses hésitations au sujet du parti qu'il devait prendre, de sortir du royaume ou de continuer à y prêcher l'Évangile.

Brousson trouva dès l'abord cet homme suspect. On savait que les persécuteurs envoyaient des espions dans les prisons, et Gautier sortait du fort de Saint-Hippolyte sans qu'on sût pourquoi il avait été fait prisonnier et comment

---

[1] *Relat. somm. des Merv. que Dieu fait en France*, pag. 39.
[2] Il était du village d'Aulas, près le Vigan.

on l'avait relâché. Aussi Brousson lui fit-il répondre que ne le connaissant pas et étant donné le grand nombre d'espions qui essayaient de surprendre les ministres, il ne pouvait se rendre à son désir.

Un jeune fidèle faillit bien involontairement favoriser les menées de ce traître en le conduisant, à l'issue d'une assemblée, dans la maison où Brousson s'était retiré. Laissant Gautier dans une chambre, il entra dans celle de Brousson pour le prévenir; mais sur le reproche que celui-ci lui fit de le livrer, le jeune homme confus sortit précipitamment, prétexta une méprise et se hâta d'éloigner Gautier.

Le traître découvert ne se découragea point : il chercha longtemps encore à surprendre la retraite de Brousson et de Vivens, mais ses menées furent vaines; il dut enfin lever le masque et se mettre à la tête des soldats pour poursuivre les ministres [1]. Il périt misérablement en traversant à la nage une rivière peu profonde.

Mais si Brousson avait miraculeusement échappé à ses ennemis, la plupart de ceux qui étaient rentrés en France avec lui avaient déjà payé leur dévouement de leur vie. En 1689, David Bertezène, Boisson et Dombres avaient souffert le martyre; en 1690 et 1691, Souveiran, Dumas, Quet, Bonnemère, Roussel, furent à leur tour saisis et exécutés; Serein était mort de maladie, ce qui parut un miracle dans ces temps de persécution; Roman dut son salut au noble dévouement d'une jeune fille.

Brousson, poursuivi nuit et jour dans les villes et les

---

[1] *Relat. somm. des Merv. que Dieu fait en France*, pag. 36 et suiv.

villages, accablé par les fatigues et la douleur de voir disparaître un à un ses fidèles compagnons d'œuvre , troublé par les dangers qu'il courait sans cesse, reçut, au commencement de 1691, un envoyé du comte de Schomberg, Huc du Vigan. Il venait lui faire savoir que Sa Majesté Britannique avait l'intention d'envoyer des troupes pour mettre les Réformés à l'abri de la persécution. Brousson repoussa cette offre et dit au messager, en le congédiant, que son intention était uniquement de s'appliquer à prier Dieu; mais Vivens, qui depuis longtemps déjà avait entretenu des rapports avec l'Angleterre, et en avait reçu, en 1689, l'argent qui lui avait permis d'armer des troupes, répondit avec empressement à ces ouvertures, et promit d'envoyer à M. de Schomberg un itinéraire qui indiquerait la voie la plus sûre pour s'emparer des Cévennes.

Comment le pacifique Brousson, qui avait toujours repoussé l'emploi de la force, qui marchait sans armes et défendait qu'on en apportât à ses assemblées, céda-t-il aux instances réitérées de Vivens? C'est ce que nous ne pouvons expliquer que par un moment d'abattement et de découragement extrêmes. « Ce qui est fait dans un état d'agitation et de trouble pareil à celui où le suppliant se trouvait alors, écrivit-il au roi la veille de sa mort, est considéré comme involontaire et forcé. » Quoi qu'il en soit, Brousson consentit à écrire, sous la dictée de Vivens, le projet que celui-ci avait déjà préparé.

Dix mille hommes suffiraient pour faire la guerre dans les Cévennes ; il faudrait d'abord en envoyer deux mille. Pendant que les régiments du roi seraient occupés à les attaquer, les autres troupes débarqueraient entre

Montpellier et Aiguesmortes. Pendant la nuit, elles marcheraient du côté de Calvisson, de là sur Cannes, près de Vic ; puis, se dirigeant sur Durfort, Saint-Félix, Lasalle, elles s'arrêteraient à Saumanne. Les Cévennes se soulèveraient alors, et l'on n'aurait pas de peine à repousser les milices[1].

Vivens remit cette pièce compromettante au compagnon de Brousson, Henri Pontaut, qui devait la porter à M. Pictet, ministre à Genève, avec mission de la transmettre à M. de Schomberg. A Nimes, Henri confia cette lettre à un guide, Gabriel Picq, qui allait sortir de France avec plusieurs personnes. Leur troupe fut malheureusement arrêtée près du pont d'Arve, le 24 mars 1691, par Louys Bourgeois, capitaine établi pour la conservation des grains en Savoie. Le projet de Vivens, trouvé sur Picq, fut envoyé à de Basville et devint, dans le procès de Brousson, l'un des principaux chefs d'accusation. Nous y reviendrons lors des interrogatoires [2].

Toutes les menées de Basville pour s'emparer de Brousson étaient restées sans résultat. Le 26 novembre 1691, sa tête et celle de Vivens furent mises à prix. Deux mille livres seraient comptées à qui rapporterait l'un de ces ministres mort ou vif, et deux cents livres à qui dénoncerait une assemblée. « On publia ensuite verbalement qu'on donneroit dix mille livres à celui qui livreroit ou prendroit Brousson, et plus tard on disoit qu'on donneroit une somme beaucoup plus grande, ce

---

[1] Voir Preuve III.

[2] *Interrogatoires Pau et Montpellier*. — Requête du 3 novembre 1698. — Brueys ; *Histoire du Fanatisme*.

qui animoit extrêmement les soldats et les faux frères [1]. »

Cette Ordonnance du 26 novembre devait être affichée dans tous les lieux où besoin serait, et, pour faciliter la tâche des traîtres, on donnait le portrait des ministres. Voici celui de Brousson : « Brousson est de taille moyenne et assez menu, âgé de 40 à 42 ans, le nez grand, le visage basané, les cheveux noirs, les mains assez belles [2]».

Les ministres n'en continuèrent pas moins au désert leur œuvre de consolation et de relèvement. Basville, désespérant de les saisir, chercha un autre moyen de s'en défaire. M. de La Haye, gouverneur de Saint-Hippolyte, offrit en son nom, à l'un des pasteurs, un sauf-conduit jusqu'à Genève. En apprenant cette démarche, Brousson adressa une Requête à la Cour, et, dans une lettre à Basville (28 décembre 1691), il repoussa avec indignation cette offre perfide, qui, ainsi qu'en 1687, n'avait d'autre but que de perdre les pasteurs et de priver les fidèles de leur appui. Dernièrement, malgré les promesses de l'Intendant, une jeune fille de Lassalle qui souhaitait voir sa mère, prisonnière à Saint-Hippolyte, n'avait-elle pas été elle-même retenue en captivité [3] ? On ne pouvait donc avoir aucune confiance en la parole jurée.

Peu de temps après, un des jeunes gens qui accompagnaient Vivens, Valdeyron [4], fut pris, et, vaincu par les tor-

---

[1] Brousson, dans sa *Relat. somm. des Merv. que Dieu fait en France* ; — Court, dans l'*Histoire des Martyrs* ; — Moreri, dans la *Biographie de Brousson*, etc., disent que l'on promit cinq mille livres.

[2] *Bulletin du Protestantisme*, année 1858, pag. 5.

[3] Lettre à de Basville du 28 décembre. (Archives de Montpellier, c. 191.)

[4] M. Napoléon Peyrat (*Hist. des Pasteurs du Désert*) le désigne sous

tures, désigna la caverne où était Vivens (février 1692). Des troupes allèrent l'y cerner. Il se défendit courageusement ; trois soldats tombèrent sous ses coups ; mais au moment où il avançait hors de sa retraite pour frapper le gouverneur d'Alais, il se découvrit un peu trop et fut tué par un officier.

Brousson n'avait pas approuvé tous les actes de Vivens : il avait blâmé sa conduite en 1689 et lui reprocha sévèrement les meurtres des curés de Saint-Marcel et de Conqueyrac, du vicaire de Soudorgues et de l'apostat Bagard. Il lui avait souvent représenté qu'il fallait se borner à combattre avec l'épée de l'Esprit. Et cependant Brousson ne pouvait condamner entièrement l'énergique Vivens. N'avait-il pas été attaqué, et ne trouvait-on pas dans les Livrés Saints de nombreux exemples qui semblaient le justifier? ceux de Néhémie, des Macchabées, d'Élie, qui avaient à la fois rétabli le culte du vrai Dieu et combattu ses ennemis. Du reste, la vie de Vivens était pure et sainte, sa piété évangélique, sa confiance en Dieu admirable. Aussi sa mort fut-elle pour Brousson une véritable épreuve.

La douleur de voir disparaître un à un ceux qui partageaient les dangers de son périlleux apostolat, les fatigues inséparables d'un ministère au désert, l'abus excessif de ses forces, ébranlèrent la santé de Brousson ; sa poitrine était gravement atteinte, et il dut se résoudre à prendre quelque repos.

le nom de Languedoc, sans doute d'après Brueys. Le nom que nous donnons et le récit qui suit sont empruntés à Brousson ; *Relat. somm. des Merv. que Dieu fait en France.*

Il se retira à Nimes, où vivait sa mère. Il y fut l'objet d'une nouvelle et bien merveilleuse délivrance. Les espions de Basville ne tardèrent pas à découvrir sa retraite [1], et l'Intendant écrivit aussitôt à l'évêque de le faire arrêter. Cette lettre était restée ouverte sur une table pendant que le prélat reconduisait un visiteur. Un gentilhomme nouveau converti qui, entrait à ce moment, jeta

[1] Pour montrer à quels moyens Basville avait recours, nous citons l'anecdote suivante, racontée par Quick, qui la tenait, dit-il, de la bouche même de Brousson. « Pendant que ce ministre était à Nimes et tenait des assemblées secrètes, un certain prêtre, dignitaire de la cathédrale, se rendit auprès de l'Intendant et lui demanda s'il avait trouvé Brousson. « Il est en ce moment dans la ville, ajouta-t-il, et si vous désirez le saisir, une de mes connaissances le livrera à votre Seigneurie. » L'Intendant ayant répondu qu'il donnerait tout au monde pour mettre la main sur lui, le prêtre l'adressa à un certain couvent de la ville. Il y avait là, au service des nonnes, un magicien qui donnerait infailliblement des renseignements exacts sur Brousson et la manière de le saisir. L'Intendant serait allé vers le diable lui-même pour débarrasser la terre du ministre et l'envoyer au Ciel; aussi chargea-t-il un messager de lui amener le sorcier sans délai.

Le serviteur du diable se présente bientôt devant sa Seigneurie, lui demandant ce qu'il y a pour son service : « Pouvez-vous m'aider à découvrir et à prendre Brousson ? » — « Oui, seigneur, je le ferai »; et il met en œuvre son art diabolique. Mais ses efforts sont vains ; et il est contraint d'avouer que « Brousson est caché à sa vue et soustrait au pouvoir de l'Intendant par le Très-Haut ». Basville voit dans cette réponse une injure et une mystification, et entre dans une violente colère contre le prêtre; celui-ci, à son tour, éclate en invectives amères contre le sorcier, qui proteste de son sincère désir de servir l'Intendant. Puis, se tournant vers l'ecclésiastique, il ajoute : « Quant à vous, Monsieur le Dignitaire, qui m'insultez et m'exposez à l'indignation de Monseigneur l'Intendant, vous savez que vous avez appris de moi l'art de la sorcellerie ; mais vous avez peu réussi, et votre démon familier n'est pas aussi puissant que le mien. » Sur quoi, l'Intendant les chassa tous deux de sa présence. »

par hasard les yeux sur ce papier, vit de quoi il était question, se hâta de sortir, et n'eut que le temps de prévenir Brousson. Celui-ci venait de changer de quartier quand les troupes arrivèrent pour le saisir [1].

Pontaut, devenu inutile à Brousson, lui exprima le désir d'aller consoler et exhorter ses frères. Il emporta un grand nombre de sermons de Brousson qu'il avait copiés, les lut dans les assemblées, les faisant suivre de quelques remarques. Ce travail fut béni ; aussi, en juillet 1692, lorsque la santé de Brousson lui permit de recommencer à prêcher l'Évangile, et que Pontaut voulut de nouveau se joindre à lui, Brousson répondit : « Qu'il aimoit mieux se passer de son secours que de priver le peuple de l'édification qu'il pourroit recevoir de son travail, et que Dieu, qui connaissoit la sincérité de ses intentions, auroit soin de lui [2] ». Ils se séparèrent donc, après que Brousson l'eut de nouveau recommandé à la grâce du Seigneur.

Pendant son séjour à Nimes, Brousson n'était pas resté inactif : il avait composé et copié un grand nombre de sermons et de lettres pastorales qui allaient souvent atteindre les personnes retenues par la crainte loin des saintes assemblées ; aussi, quand il sortit de sa retraite, put-il s'apercevoir que ses efforts et ceux des autres serviteurs de Dieu n'étaient pas restés infructueux. Les réunions étaient plus nombreuses ; ce n'était plus seulement le peuple qui s'y rendait, mais aussi les personnes de qualité qui s'étaient abstenues précédemment.

---

[1] *Vie et mort de Claude Brousson, exécuté pour la foi de l'Évangile ;* communiqué par M. M. Brousson.

[2] *Relat. somm. des Merv. que Dieu fait en France,* pag. 45.

Le parti des Politiques ne pouvait que déplorer ce zèle. Une lettre fut écrite pour le modérer. Brousson y répondit par sa *Lettre pastorale sur la nécessité des saintes assemblées*, écrite du désert le 28 août 1692. Il démontrait, dans une première partie, que les saintes assemblées étaient ordonnées par les Écritures, et exposait les raisons qu'elles donnent de cette nécessité. Il repoussait ensuite le reproche qu'on adressait aux ministres d'être les perturbateurs du repos public. Ce reproche avait déjà été fait aux Macchabées, à Élie, à Jésus-Christ, aux Apôtres. Dieu inspire encore à ses serviteurs le désir de travailler au relèvement de son Église désolée.

« Comment peut-on s'imaginer que ceux que Dieu suscite extraordinairement dans ce royaume pour le salut de son peuple peuvent, de leur propre mouvement, confesser et prêcher Jésus-Christ comme ils font depuis plusieurs années, au milieu des flammes d'une horrible persécution, sans que ni la perte de leurs biens, ni l'opprobre du monde, ni les fatigues mortelles où ils s'exposent, ni les prisons, ni les galères, ni les massacres, ni les gênes, ni les potences, ni les roues, soient capables de les épouvanter et de leur fermer la bouche ? Certainement c'est ici le doigt de Dieu, c'est ici la vertu du Saint-Esprit qui nous soutient, qui nous fortifie, qui ouvre la bouche des morts pour leur faire dire les choses magnifiques de Dieu. »

Sa parole retentit dans les déserts. Le peuple doit donc répondre à ses appels et se convertir[1].

Brousson, avec la noble et candide simplicité qui le caractérise, adressa en même temps à la Cour une Requête où il démontre à ses persécuteurs que les succès des mi-

---

[1] *La nécessité des saintes assemblées.* Au désert, ce 28 août 1692. (Archives de Montpellier, c. 191.)

nistres réformés sont un signe manifeste de la faveur de Dieu : s'opposer à eux, c'est donc s'opposer à Dieu même.

Le doux pasteur s'y étonne aussi naïvement que les nombreux avertissements donnés au roi soient restés inutiles, puisque Sa Majesté affirme « qu'elle a plus d'attachement que jamais pour sa religion, qu'elle n'est pas fâchée de ce qu'elle a fait contre ses sujets réformés ; que si elle avait à le faire, elle le ferait encore ; qu'ils ne doivent pas attendre de liberté de conscience». Les signes les plus manifestes de la colère divine seront donc méconnus? Dieu ne vient-il pas de renverser le plus important des desseins royaux, en anéantissant la plus puissante armée navale qu'aucun roi de France eût jamais eue[1].

Il est presque inutile de dire que ces pieuses remontrances, si elles atteignirent les oreilles royales, restèrent sans résultat. Brousson annonçait également au monarque l'envoi des premières sections des *Remarques sur la Traduction du Nouveau Testament*, faite par l'ordre du clergé de France et par le ministère de Denys Amelote, prêtre de l'Oratoire ; ouvrage destiné à prouver la pureté de la Religion Réformée, en montrant les falsifications faites par l'Église catholique d'un grand nombre de textes du Nouveau Testament[2].

Vivens mort, on n'eut plus qu'un soin, s'emparer de Brousson. De Basville mit tout en œuvre, et le doux et pacifique ministre fut traqué comme une bête fauve.

» D'ordinaire, il étoit contraint de faire son repos dans les dé-

---

[1] Bataille de la Hogue.

[2] *Requête du* 31 *décembre* 1692. (Archives de Montpellier, c. 191.)

serts et dans les cavernes, où il étoit encore incessamment poursuivi par les ennemis. Il avoit toujours la mort devant les yeux, et une mort même fort cruelle, car les Puissances étoient beaucoup plus animées contre lui que contre les autres serviteurs de Dieu. Mais Dieu le fortifioit toujours par sa grâce. Une infinité de fois il lui a semblé que tout moyen d'échapper lui étoit ôté. Il a fallu qu'une infinité de fois il ait envisagé le martyre le plus inhumain et qu'il se soit disposé à le souffrir comme si la sentence de mort lui eût déjà été prononcée... Il vivoit sans cesse dans une captivité fort triste et fort misérable selon le monde. Durant quatre ou cinq mois, il n'a pas eu la liberté de marcher de jour et il a toujours été contraint de marcher de nuit, si l'on excepte quelques occasions particulières dans lesquelles le grand danger où il étoit exposé, le forçoit de marcher de jour.

» Il a bien été quelquefois dans Nimes, où il a fait plusieurs assemblées, pendant même que les ennemis savoient qu'il y étoit et qu'ils y faisoient diverses recherches. Mais d'ordinaire il faisoit son séjour dans les bois, sur les montagnes, dans les cavernes et dans les trous de la terre, et il couchoit souvent sur la paille, sur le fumier, sur des fagots, sous des arbres, dans des buissons, dans les fentes des rochers et sur la terre. Durant l'été il étoit consumé par les ardeurs du soleil, et durant l'hyver il a souvent soufert un froid extrême sur les montagnes couvertes de neige et de glace, n'ayant pas quelquefois de quoi se couvrir durant la nuit et d'ordinaire n'osant pas faire du feu durant le jour, de peur que la fumée ne le découvrît, ni n'osant pas sortir de sa cachette pour jouir de la chaleur du soleil, de peur de se faire voir aux ennemis et aux faux frères. Quelquefois aussi il étoit exposé à la faim et à la soif, et souvent à des fatigues accablantes et mortelles.

» Tout cela étoit cause que dans les portraits qu'on faisoit de lui et que les Puissances répandoient partout, pour le faire connoître aux troupes et aux perfides, on le représentoit, entre tous les autres serviteurs de Dieu, comme ayant le visage fort bazanné et le corps fort maigre et fort mince[1]. »

---

[1] *Relat. somm. des Merv. que Dieu fait en France*, pag. 40.

Toutes ces misères, loin de décourager le fidèle pasteur, lui paraissaient douces à souffrir pour son Dieu. S'il était privé de ses premiers compagnons d'œuvre, il avait la consolation « d'admirer les grâces que Dieu accordoit à tant de fidèles serviteurs qu'il suscitoit tous les jours extraordinairement, qui étoient faibles et méprisables aux yeux de la chair, mais qu'il fortifioit par son esprit, dont il accompagnoit en même temps la parole d'une efficace merveilleuse, et dont plusieurs scelloient de tems en tems la vérité de leur propre sang avec une constance inébranlable [1] ».

Brousson puisait aussi dans les succès de son ministère et l'affection des fidèles une nouvelle force et de puissants encouragements.

« Lorsque ce pauvre peuple considéroit les calamitez et les dangers où il étoit sans cesse exposé en travaillant pour son

---

[1] « Une nuit, allant vers un lieu qu'il avoit marqué pour une assemblée, comme il en approchoit, il entendit la voix d'une personne qui parloit au milieu du peuple. Il en approcha de plus près ; et, voyant que celui qui parloit prioit Dieu, il se mit à genoux, selon la coutume qui est constamment pratiquée dans les saintes assemblées qui se font en France, et il entendit une grande et belle prière dont il fut fort édifié. Après quoi, s'approchant de celui qui l'avoit faite et qui était un jeune homme et un pauvre artisan, il lui dit : « Mon frère, si vous souhaitez de faire quelques exhortations au peuple, vous pouvez le faire. » « Hélas ! lui répondit le pauvre artisan, comment le ferois-je, je ne sais ni lire ni écrire. » Cependant, il venoit de faire au milieu du peuple une prière admirable. Quelque temps après, ce jeune homme, qui alloit de lieu en lieu faisant des prières pour la consolation du peuple, ayant été pris avec un autre jeune homme appelé Compan, qui travaillait avec lui à la consolation de ses Frères, l'un et l'autre furent condamnés aux galères et subirent cette peine en confessant hardiment le nom du Seigneur. » (*Relat. somm. des Merv. que Dieu fait en France.*)

salut et pour sa consolation, et que d'un autre côté il faisoit réflexion sur l'innocence de sa conduite et sur la grâce que Dieu
lui faisoit de prêcher sa Parole avec simplicité, avec pureté et
avec évidence, il ne pouvoit se retirer après les saintes assemblées, qu'il ne vînt auparavant se jeter sur son cou, le baiser et
lui souhaiter mille bénédictions. »

« Dieu lui faisoit aussi goûter par son Esprit des consolations
ineffables ; mais surtout on ne sauroit exprimer celles qu'il
ressentoit dans les saintes assemblées et particulièrement dans
celles où il administroit la Cène. Il éprouvoit tous les jours une
chose bien remarquable, c'est que malgré l'armée d'ennemis
qui l'entouroient et lui faisoient une guerre continuelle, dès
qu'il étoit dans les saintes assemblées et qu'il ouvroit la bouche
pour invoquer le nom du Seigneur, pour chanter ses saintes
louanges et prêcher sa parole, il avoit d'ordinaire l'esprit aussi
tranquille que s'il avoit été dans un païs de liberté. Il jouissoit
de cette même tranquillité d'esprit dès qu'il prenoit la plume
pour travailler à l'avancement du règne de Dieu [1]. »

Le zèle du peuple était si ardent que Brousson dut
parfois le modérer et recommander la prudence : de si
nombreuses assemblées causaient trop d'éclat et expo-
saient le peuple aux maux les plus terribles. Ces précautions restaient le plus souvent sans effet, tant étaient
grandes la faim et la soif des Réformés d'entendre l'É-
vangile.

Ainsi, en février 1693, Brousson devait présider une
assemblée près de Brignon, dans le colloque d'Uzès ;
il avait demandé qu'on prévînt seulement quelques
villages voisins. Mais la nouvelle se répandit comme
une traînée de poudre, et Brousson reconnut, dans son
auditoire, des fidèles de trente-cinq localités environnan-

---

[1] *Relat. somm. des Merv. que Dieu fait en France*, pag. 42,

tes ; pour arriver à temps, bon nombre d'entre eux avaient dû partir de jour, ce qui fit découvrir l'assemblée. Un apostat, nommé Darcis, surprit une troupe assez nombreuse, revenant à Uzès ; et quoique les gens qui la composaient fussent sans armes, on n'en tira pas moins sur eux. Quelques-uns furent blessés et une quarantaine d'autres faits prisonniers. On les envoya aux galères [1].

Basville apprit que Brousson s'était probablement retiré dans un bois de la montagne du Bouquet, entre les villes d'Uzès et d'Alais, où se trouvaient plusieurs cavernes servant d'asile aux ministres. La pluie survint bientôt et favorisa les plans de l'Intendant ; mais Brousson, instruit de la marche des troupes, s'éloigna des cavernes au lieu d'y chercher un refuge. Les troupes restèrent trois nuits dans les bois et eurent tant à souffrir de la température que plusieurs soldats périrent.

Brousson passa les deux premières nuits sous un buisson, la pluie ne fut pas trop forte ; mais la troisième elle fut si violente, qu'il dut s'abriter sous un rocher et rester dans une position très-gênée, sans pouvoir ni se lever ni s'allonger. Le lendemain matin, tout engourdi du froid et pénétré par l'humidité, il proposa au fidèle qui l'accompagnait d'aller se sécher et se chauffer au village le plus voisin.

Ils sortaient à peine de leur cachette quand ils entendirent des voix. C'était un détachement de douze soldats, éloigné d'eux de quelques mètres seulement ; Brousson et son compagnon eurent à peine le temps de se cacher

---

[1] *Relat. somm. des Merv. que Dieu fait en France*, pag. 54.

dans les broussailles. De nouveaux détachements suivaient le premier: ils comptèrent jusqu'à cent quatre soldats et entendirent les officiers se demander où ils pourraient bien chercher cet introuvable prédicant. Brousson, saisi d'angoisse, éleva son âme à Dieu: le secours ne se fit pas attendre ; les troupes fatiguées allèrent cerner le village où le ministre avait dû se rendre [1].

Il se dirigea alors du côté de Nimes et présida dans le mois de mars plusieurs assemblées à Marsillargues ; aux appels de l'apôtre, les tièdes se réveillaient, ceux que la crainte avait entraînés dans l'Église romaine revenaient publiquement à leur ancienne foi. Des sentiments de repentance et de saint enthousiasme remplissaient les cœurs et s'en exhalaient en accents émus. Le 18 mars 1693, l'un de ces fidèles écrivait à ses enfants réfugiés:

« Mon âme, toute pâmée de joye et pénétrée de l'amour divin, me fait prendre la plume pour vous faire participans de mon bonheur. Ce fut le 6 du courant qui fut le jour heureux qui a éclos ma conversion. C'est dans ce jour heureux que Dieu me fit entendre sa voix par un de ses ambassadeurs qui nous expliqua ces paroles du Cantique des Cantiques : J'étois endormi, mais mon cœur veilloit, et voici la voix de mon bien-aimé qui heurtoit (Ch. V, v. 2). Nos cœurs prosternez, les genoux en terre, les mains jointes, nos âmes élevées vers le Ciel, nous écoutâmes la lecture des Commandemens de Dieu, celle de la Confession des péchez, et, dans la même attitude, nous chantâmes à voix basse la première partie du Psaume V[e] ; ensuite suivit l'explication de ces belles et divines paroles que je viens de citer et la participation au sacrement de la Sainte-Cène.

» C'est dans cette heureuse nuit et au pied de la table sacrée, qu'après avoir prié Dieu extraordinairement et avec toute l'ar-

---

[1] *Relat. somm. des Merv. que Dieu fait en France*, pag. 57.

deur et le zèle que ce grand Dieu de bonté nous mit au cœur ; que nous parlâmes à Dieu, que nous lui promîmes solennellement de lui être fidèles jusques au dernier soupir de notre vie ; que nous nous enrollâmes de nouveau comme des soldats fidèles qui veulent suivre en tous lieux leur divin capitaine, et comme des Vierges chastes qui veulent garder la fidélité à Dieu leur divin époux.

» Nous fûmes reçus à ce nouveau serment au nombre de quarante-deux personnes ; le reste du troupeau avoit été admis à la même cérémonie et aux mêmes engagements aux assemblées précédentes. Après ces saintes promesses, nous eûmes le bonheur, tous ensemble, d'être admis à la participation de ce saint Sacrement où Dieu nous a scellé son amour et où nous lui avons confirmé que nous voulons vivre et mourir sous les étendards de sa vérité et de sa gloire. Le cantique de Siméon chanté en action de grâce et la bénédiction donnée, chacun se retira chez soi, rendant grâce à Dieu qui nous a tendu si puissamment la main. Le nombre des communians fut de 250 personnes, tant hommes que femmes ; c'est un petit levain qui fera, s'il plaît à Dieu, lever toute la pâte.

» Apprenez à notre ancien pasteur, M. Modens, que presque la moitié de son cher troupeau est, par la grâce de Dieu, relevé, et que le reste ne tardera pas longtemps ; qu'il profitera de la première occasion. Puisque nous ne voulons plus consulter la chair et le sang, qui ne nous ont donné que des conseils trop funestes, et que sans différer un moment nous sommes prêts de tout abandonner pour suivre nos saintes assemblées qui se font en divers lieux, et quand il devroit nous en coûter les biens et la vie, nous les irions grossir. Aujourd'hui que nous entendons la voix de Dieu, nous ne voulons plus endurcir nos cœurs, de peur qu'il ne jure en sa colère que nous n'entrerons jamais dans son repos. Nous voulons confesser Jésus-Christ devant les hommes afin qu'il nous avoue pour siens devant son Père et devant ses saints Anges. C'est la sainte et généreuse résolution de toutes les bonnes âmes. Que celui qui est debout prenne garde qu'il ne tombe ; que celui qui est tombé ne tarde point à se relever ; et que celui qui est relevé rende grâce à Dieu qui l'a retiré du bourbier par sa puissante main...

» Les Églises d'Uzès, de Nimes, de Sommières, etc., ont participé au même bonheur que nous et se sont relevées. Nos ennemis ont beau dire et beau faire, l'Esprit divin a eu pitié de nous et s'est emparé de nos âmes. Aussi les plus éclairés de nos adversaires sont déjà confus de leur procédé diabolique, et ils commencent de convenir que la vraye Religion doit être persuadée et non pas forcée [1]. »

Le 24 juin, Brousson était à Nimes au moment où Guyon, ancien pasteur des Cévennes, revenait de Suisse. Les deux pasteurs se rencontrèrent dans une hutte, à une demi-lieue de la ville, et eurent un long entretien sur la nécessité des assemblées.

Guyon pensait « qu'il seroit plus à propos d'aller de famille en famille pour instruire le peuple, que de faire de nombreuses réunions».

Brousson, au contraire, était d'avis « que si on se contentoit d'aller de famille en famille, la chose se feroit avec moins d'éclat et en même temps avec moins de danger, et pour le peuple et pour ceux qui lui prêchoient l'Évangile, mais que la moisson étoit trop grande et le nombre des ouvriers trop petit. Que dans les Cévennes et le Bas-Languedoc, il y avoit un grand peuple qui périssoit faute de pasteurs, et qu'il valoit mieux que ce pauvre peuple s'exposât à quelque souffrance en ce monde pour être éternellement bienheureux dans le Ciel, que de conserver le repos et les avantages de la terre et d'être éternellement malheureux dans l'enfer. »

Brousson montra ensuite que les divines Écritures

---

[1] Cité par Court ; *Histoire des Martyrs*.

ordonnent les saintes assemblées, mais il ne put convaincre Guyon. Celui-ci, malgré sa prudence, fut arrêté quelques jours après, dénoncé par une femme catholique romaine qui, l'ayant entendu marcher dans sa chambre, regarda par le trou de la serrure et reconnut le vieux pasteur. Conduit à Montpellier, Basville lui lut la lettre apologétique de Brousson (10 juillet 1693), et voulut savoir s'il en approuvait le contenu. « Prenez garde, répondit Guyon, que ce qu'il vous marque dans cette lettre ne vous arrive. » L'Intendant lui demanda ce qu'il pensait de la conduite de Brousson. Il répondit : « Qu'il l'approuvoit, et que s'il étoit en liberté il en feroit autant ». Quelques jours après, il souffrait le martyre dans la citadelle de Montpellier [1].

Mais Basville en voulait surtout à Brousson, qui échappait sans cesse. Le 27 juin, il remit donc sa tête à prix. Il promettait encore cinq mille livres; mais pour recevoir cette somme, il suffisait de faire parvenir à l'Intendant, par lettre ou par tout autre moyen, les renseignements nécessaires à l'arrestation de Brousson, sans que le traître fût obligé de se nommer ou de donner reconnaissance du prix de sa trahison [2]. Brousson répondit à cette Ordonnance du 10 juillet par sa lettre apologétique.

« Monseigneur, permettez-moi de représenter à Votre Grandeur que je ne puis pas vous reconnaître comme mon juge, parce que par l'abolition des Édits, qui étoient perpétuels et irrévocables, nous sommes privés de nos juges légitimes et trai-

---

[1] Archives de Montpellier, c. 173. — *Relat. somm. des Merv. que Dieu fait en France*, pag. 52.

[2] Voir Preuve V.

tés, non pas en hommes mais en esclaves. Cependant, si j'avois à me défendre devant des juges compétents, je ne serois pas en peine de faire valoir mon innocence. Je ne suis pas un méchant homme ; tous ceux qui ont été témoins de ma conduite à Castelnaudary et à Toulouse peuvent rendre témoignage que j'ai vécu dans le monde avec l'approbation publique, comme un homme de bien, craignant Dieu, sans reproche...

» Je ne suis pas un perturbateur du repos public, comme vous le dites dans votre dernière Ordonnance, mais un fidèle serviteur de Dieu, qui travaille à l'instruction, au salut et à la consolation de son peuple désolé... Je puis bien prendre encore à témoin ce grand Dieu, qui connoît mes plus secrètes pensées, que c'est uniquement pour la crainte de son nom et pour les intérêts de sa gloire, de son service et du salut de son peuple, que je m'expose depuis si longtemps à tant d'alarmes, à tant de dangers dans ce royaume.

» Plût à Dieu qu'il eût plu au roi de faire quelque considération des avis sincères que j'ai pris la liberté d'envoyer à la Cour depuis dix ans et davantage ; il ne se trouveroit pas dans l'état où il est maintenant, et on n'auroit pas sujet de craindre ce qu'on a sujet de craindre encore ; car enfin, Monseigneur, Dieu frappe maintenant l'État de terribles fléaux, et il faudroit être bien aveugle pour ne pas le voir.

» Maintenant cela n'est rien en comparaison des suites que l'on doit craindre raisonnablement L'État se soutient encore avec éclat, parce qu'il emploie toutes ses forces ; mais en les employant, il les consume. Le royaume est dans un état violent, mais les choses violentes ne sont pas de durée. On ne peut pas dire, Monseigneur, que nous ne soyons de vrais fidèles : nous ne servons pas les créatures, mais l'Éternel, le Dieu vivant et véritable, le Créateur du ciel et de la terre ; nous mettons toute notre confiance en la miséricorde de Dieu le Père, en la grâce de Jésus-Christ son Fils, et au salutaire secours du Saint-Esprit : c'est ce grand Dieu dont j'ai toujours la crainte devant les yeux, dont je médite sans cesse la Parole depuis mon enfance, qui a daigné me faire participant de sa lumière.

» C'est pourquoi je supplie Votre Grandeur de cesser enfin de persécuter un innocent et un fidèle serviteur de Dieu, qui ne peut se dispenser de s'acquitter des devoirs de son ministère. Autrement, je déclare que j'appelle de votre Ordonnance devant le tribunal de Dieu, qui est le Roi des rois, le souverain Juge du monde. Le Maître que je sers et pour lequel je souffre depuis si longtemps tant de martyres, qui m'a conservé jusqu'à cette heure au milieu des flammes de cette horrible persécution, ne m'abandonnera pas, s'il lui plaît, à l'avenir, et me fera justice[1].»

Claude BROUSSON, *serviteur de Jésus-Christ.*

Après s'être justifié, Brousson se disposa à sortir du royaume. Toutes ses retraites étaient connues, de nouvelles troupes avaient été envoyées dans la province pour le saisir, son signalement était partout répandu, et on le poursuivait avec un tel soin qu'à plusieurs reprises ses efforts pour sortir du Languedoc et des Cévennes avaient échoué.

Sa santé, ébranlée par les quatre années de ministère au désert, lui rendait le repos nécessaire, et des devoirs de famille l'appelaient à Lausanne, où sa femme et son fils étaient dans une grande misère. Son fils, jeune encore, avait besoin de ses soins.

D'ailleurs Brousson ne perdait pas de vue ses frères de France. Il avait composé plusieurs ouvrages pour l'édification des âmes et l'avancement du règne de Dieu; il espérait les faire imprimer et les envoyer de Suisse en France. Un lien le retenait toutefois à Nimes : sa mère était gravement malade dans une métairie près de cette ville; il resta auprès d'elle jusqu'au moment où elle remit son âme entre les mains de Dieu. Puis, brisé par les épreuves et les fatigues, il reprit le chemin de l'exil.

[1] *Bulletin du Protestantisme français*, 1858, pag. 5.

Il arriva le 17 décembre 1693 à Lausanne, le cœur plein de reconnaissance pour les délivrances merveilleuses qui lui avaient été accordées.

« Les merveilles que Dieu a faites en ma faveur sont si grandes et en si grand nombre que je ne saurois les exprimer. Elles font le sujet de l'étonnement de nos ennemis et de l'admiration de tous les fidèles. Dieu a voulu faire voir, en me conservant si longtemps au milieu des flammes et en m'en délivrant ensuite heureusement, ce qu'il sait faire en faveur de ceux qui le craignent et qui mettent en lui leur confiance. Je bénirai sans cesse son Saint Nom pour tous les bienfaits dont il lui a plu de me combler, et je le prie de tout mon cœur qu'il lui plaise encore de me continuer et de m'augmenter sans cesse ses grâces, afin que tout le temps de ma vie je puisse travailler, selon mon désir, à l'avancement de son Règne, à sa propre gloire, à mon propre salut et à la consolation de ses élus [1]. »

[1] Lettre du 25 février 1694. Manuscrit Court, nº 17, vol. E.

CHAPITRE IV

Pendant quatre ans, Brousson avait exercé son ministère en France, sur la vocation que lui avaient adressée Vivens et quelques autres fidèles. A son retour en Suisse, il désira faire confirmer cette vocation par l'imposition des mains. Un certain nombre de pasteurs et les Académies de Berne, Lausanne et Genève examinèrent sa demande. On convint que son ministère était légitime. Il avait reçu de Vivens la vocation extraordinaire, son œuvre avait été bénie de Dieu ; conditions suffisantes, d'après l'article xxxi de la Confession de Foi des Églises réformées, puisque le ministère ordinaire était interdit en France. Il était donc inutile que Brousson fût d'abord reçu comme simple proposant, et, le 24 mars 1694, après avoir donné une prédication d'épreuve et subi un examen sur les matières de théologie, il reçut à Lausanne l'imposition des mains.

Il prêcha à Berne, à Zurich, à Lausanne, traversa l'Allemagne, la Hollande, et se rendit à Londres, où il vit Quick, l'un de ses biographes. Mais il ne séjourna pas longtemps dans cette ville, « car l'Église wallonne de La Haye, appréciant ses grands talents et sa piété, ses pénibles travaux et ses grandes souffrances pour l'Évangile, n'eut garde de laisser échapper un joyau aussi précieux, et, d'un consentement unanime, elle le choisit pour un de ses pasteurs ordinaires [1] ». Cet appel lui fut adressé à Londres, avec la prière d'y répondre favorablement et de retourner en hâte à La Haye, ce qu'il fit ; et après que, selon la coutume, son élection eut été publiée du haut de la chaire pendant trois dimanches consécutifs, le pasteur du désert reçut de nouveau l'imposition des mains dans une solennité publique.

Brousson pensa d'abord à ses frères exposés au feu de la persécution ; il leur écrivait: « Si vous voulez que Dieu vous pardonne tous vos péchés qui vous ont jetés dans cet abîme de perdition, il faut que vous abandonniez toutes choses pour lui donner gloire à la face du Ciel et de la terre, et que vous vous contentiez d'avoir votre âme pour butin. Car aussi de quoi vous servirait-il de conserver vos biens périssables et de gagner même tout le monde, si vous faisiez la perte de votre âme. Sortez donc, mes chers Frères, sortez d'un malheureux païs où vous n'avez pas la liberté de servir Dieu selon ses commandements, de chanter ses saintes louanges, de vous repaître de sa parole et de participer au sacrement de son alliance, où vous ne pouvez pas même vous marier, ni marier vos enfants, sans être infidèles à votre Dieu [2]. »

Pendant ce séjour à La Haye, Brousson fit paraître sa « *Relation sommaire des Merveilles que Dieu fait en France,*

---

[1] Quick; *Bibliothèque de la Société de l'Histoire du Protestantisme.*

[2] Lettre de XX., serviteur de Dieu et de Notre-Seigneur Jésus-Christ, et, par sa grâce, fidèle ministre de sa Parole, à tous les élus de Dieu, sur la nécessité qu'il y a de sortir de la communion de l'empire de Babylone et du Païs où elle exerce sa tyrannie.

dans les Cévennes et dans le Bas-Languedoc, pour l'instruction et la consolation de son Église désolée, où il est parlé de ceux que Dieu y a extraordinairement suscités en ce dernier temps pour y prêcher l'Évangile, et du Martyre qu'un grand nombre de ces fidèles serviteurs de Dieu y ont déjà souffert », avec l'épigraphe : «Si ceux-ci se taisent, les pierres mêmes crieront. » (Luc XIX, 40.) C'est l'histoire de l'Église du Désert, de 1689 à 1694. Brousson avait eu d'abord l'intention de donner ses notes à une autre personne qui les aurait rédigées et fait imprimer ; mais il crut que son devoir était de rendre témoignage des faits que Dieu avait accompli sous ses yeux, et il fit paraître cette Relation[1].

En 1695, Brousson fit aussi imprimer la *Manne mystique du désert*, ou Sermons prononcés en France dans les déserts et dans les cavernes durant les ténèbres de la nuit et de l'affliction, les années 1689, 1690, 1691, 1692, 1693.

«Les sermons qui sont contenus dans les deux premiers volumes regardent diverses matières de doctrine et de piété sur lesquelles l'auteur écrit qu'il était nécessaire d'instruire le peuple pour le retirer de l'idolâtrie, pour le

---

[1] Nous avons eu le privilége d'avoir sous la main cette plaquette, devenue très-rare. C'est elle qui nous a fourni, comme on a pu le voir, la plupart des épisodes de la vie de Brousson de 1689 à 1693. Elle contient bien d'autres détails intéressants sur les pasteurs du désert et leur martyre, sur Isabeau Redostière et Pintarde, sur les faux frères, sur Gautier en particulier, et se termine par une prière d'humiliation et d'invocation pour le relèvement de l'Église désolée.

Court emprunte à cette Relation les divers événements se rapportant à ce premier ministère au désert : il copie textuellement. — Quick en a fait aussi un fréquent usage.

porter à se sanctifier, pour réveiller son zèle, pour le consoler et pour le fortifier dans ses épreuves. Et ceux qui
sont contenus dans le troisième sont les sermons de communion dans lesquels Dieu lui a fait la grâce de traiter
avec évidence le mystère de la Cène du Seigneur, et où
l'on trouvera encore un caractère de piété qui édifiera et
consolera les bonnes âmes[1]. »

Simple dans l'exposition, rendue populaire par son al-
légorisme biblique, cette prédication est, dans la controverse, d'une rudesse d'expression qui n'avait rien de
choquant dans le temps et pour les hommes auxquels
elle s'adressait.

Tous les sermons sont du reste en rapport avec l'état
où se trouve l'Église de France. Brousson réprimande
cette Église qui, comme autrefois Israël la nation élue,
s'est attiré par son infidélité les châtiments de Dieu et
s'est rendue indigne des grâces qu'il lui destinait ; il la
supplie de sortir de son égarement, de briser avec sa lâcheté, de confesser son Sauveur si elle veut être confessée
de lui ; il la met en garde contre les égarements de l'Église
romaine en les opposant aux vérités de l'Évangile. Pour
atteindre ce but, « il n'emploie pas les termes barbares
de l'École qui sont le langage de Babel, ni ne fait pas
entrer les vains ornements de l'Histoire profane, ni de la
philosophie mondaine, ni de l'éloquence du siècle, ni les
citations des anciens docteurs qui ont été les Pères de la
tradition par le moyen de laquelle on a enfin corrompu la
religion chrétienne ; mais dans ces sermons il ne parle que

---

[1] *Manne mystique*, Avertissement.

les paroles de Dieu , Dieu lui faisant la grâce d'y proposer les vérités célestes avec pureté et avec évidence. »

On a souvent cité le sermon de la « Colombe mystique»; nous donnerons quelques fragments de celui des « Brébis mystiques discernant les vrais pasteurs d'avec les loups ravissants». Sermon III, sur ces paroles de saint Jean, chapitre X, v. 4 : « Les brébis le suivent, car elles connaissent sa voix. Mais elles ne suivront pas un étranger, au contraire, elles fuiront loin de lui, car elles ne connaissent pas la voix des étrangers».

« Dans le onzième chapitre du Lévitique, Dieu permit à son peuple de manger de certains animaux qui à quelques égards sont les images des fidèles; il lui défendit de manger de plusieurs autres animaux qui sont les images des réprouvez. Entre tous les animaux dont il permit à son peuple de manger, il mit en premier lieu ceux qui ont l'ongle divisé ou le pié fourchu, et qui ruminent; pour nous marquer, d'un côté, qu'il veut que les fidèles divisent la voye, c'est-à-dire, qu'ils discernent la voye par laquelle ils doivent marcher ; qu'ils aient le discernement du bien et du mal, afin qu'ils puissent choisir ce qui est bon et rejetter ce qui est mauvais ; et de l'autre, pour nous faire entendre qu'il faut qu'ils méditent et qu'ils ruminent sans cesse la Parole ; afin qu'elle serve de nourriture spirituelle à leur âme et qu'ils pratiquent avec soin les enseignements qu'elle leur donne.

» Mais Dieu défendit à son peuple de manger des animaux qui rúminent, mais qui n'ont pas l'ongle divisé; ou qui ont l'ongle divisé, mais qui ne ruminent point; et il lui défendit même de toucher leur chair morte, afin qu'il n'en fût pas souillé. Par là, Dieu a voulu nous faire comprendre qu'il rejette ceux qui ont bien quelque zèle et quelque bonne intention, mais qui sont sans connoissance et sans discernement, confondant le mal avec le bien, l'erreur avec la vérité, l'idolâtrie avec le service du vrai Dieu; ou qui ont bien la connoissance et le discernement, mais qui ne méditent pas et ne ruminent pas sans cesse sa Parole pour s'appliquer le salut qu'elle nous révèle, et pour faire les œuvres qu'elle nous commande; et en même tems, Dieu a voulu nous apprendre par là que nous ne devons pas même vivre dans la communion des idolâtres, ou des autres personnes dont la doctrine renverse les fondements du salut, ni dans celle des profanes et des impies; mais que nous devons nous en séparer, de peur que participans à leurs péchez, nous ne périssions aussi avec eux. C'est là, mes chers Frères, ce que Jésus-Christ veut maintenant nous enseigner dans notre Texte, où, après avoir parlé du fidèle Pasteur, il ajoute: « Et les brébis le suivent, car elles connaissent sa voix. Mais elles ne suivent pas un étranger, au contraire, elles fuyront loin de lui, car elles ne connaissent pas la voix des étrangers.

» Jésus-Christ appelle ici les fidèles des brébis pour plusieurs raisons :

» I. — Pour marquer l'esprit de paix et de douceur dont il sont animez; *car naturellement les brébis sont douces et pacifiques.* Il ne les appelle pas des lions, des ours, ou des léopards. Cela ne convient qu'à la bête féroce de l'Apocalypse, qui est l'Ante-Christ avec les ministres de sa fureur...

» II. — Jésus-Christ appelle ses fidèles des brébis, *pour marquer qu'ils sont faibles et méprisables aux yeux de la chair.* Dans l'Écriture, les grands et les puissans du monde sont représentez comme de puissans taureaux. Psaume XXII.

» III. — Les fidèles sont appelez des brébis, *parce que Dieu prend soin de les paître de sa parole comme un berger paît ses brebis.* L'Éternel est mon berger, dit le Roi-Prophète dans le Psaume XXIII. Je n'aurai point de disette. Il me fait reposer dans des parcs herbeux...

» IV. — Les fidèles sont encore appelez des brébis, *parce que comme les brébis vont paître dans les bois, sur les montagnes et dans les déserts,* de même les brébis mystiques de Jésus-Christ sont souvent contraintes par la persécution d'aller chercher la pâture céleste dans les bois, sur les montagnes et dans les déserts, comme nous le voyons maintenant.

» V. — Enfin, *les brébis sont souvent la proye des loups, et tous les jours elles sont égorgées dans les boucheries.* De même les fidèles de Jésus-Christ sont souvent la proye des faux pasteurs, qui sont des loups ravissans ; et ils sont contrains de dire avec David, dans le Psaume XLIV : « Seigneur, pour l'amour de toi, nous sommes tous les jours mis à mort, et nous sommes considérez comme les brébis de la boucherie. » Dans le XVIᵉ chapitre des Révélations du prophète Ézéchiel, nous voyons sur ce sujet une chose bien remarquable. Dans ce chapitre, Dieu, parlant à sa Jérusalem mystique, qui est son Église, lui avoit ordonné par deux fois, de vivre dans son propre sang. Vi dans son sang, lui dit-il. Après quoi, l'Esprit de Dieu ajoute qu'il la fit croître par millions.

» Cela nous marquoit, mes chers Frères, que l'Église de Dieu seroit exposée à de cruelles et sanglantes persécutions ; de sorte qu'elle seroit contrainte de vivre dans son propre sang : mais qu'au lieu que les ennemis de la Vérité s'imagineroient pouvoir la détruire par cette voye cruelle et barbare, Dieu au contraire la feroit alors croître par millions. En effet, c'est alors que la piété, le zèle et la constance des Martyrs font ouvrir les yeux à ceux qui persécutent la Vérité sans la connoître, et qu'elles les portent à se convertir ; ce qui a fait dire que le sang des Martyrs est la semence de l'Église. »

Brousson montre ensuite comment les brebis suivent leurs pasteurs et s'éloignent des faux pasteurs, dont elles ne connaissent pas la voix.

« Si nous voulons être les brébis de Jésus-Christ, il faut, mes chers Frères, que nous le suivions, c'est-à-dire, il faut que nous suivions ses commandements. Dieu nous a châtiez d'une manière terrible à cause de nos péchez, mais si nous ne nous convertissons il achèvera de nous détruire. Ha ! Dieu ne veut pas pour son peuple des mondains, des yvrognes, des impudiques, des injustes, des gens de mauvoise foi, des usuriers, des plaideurs, des vindicatifs, des gens irréconciliables, des profanateurs du jour du repos, des jureurs, des renieurs et des blasphémateurs. Il crible maintenant son froment mystique, afin que tout le mauvais grain tombe. Si nous voulons qu'il nous reconnoisse pour son peuple et pour ses enfans, il faut que nous portions son image, qui consiste dans la justice et dans la sainteté ! Il faut que nous soyons saints, comme nôtre Dieu est saint.....

» Que pouvez-vous donc devenir, vous, misérables pécheurs, qui pour éviter de soufrir pour la gloire de votre Dieu avez renié vôtre Sauveur devant les hommes ? Vous avez rejeté la voix de vôtre Souverain Pasteur, vous avez au contraire écouté celle de l'étranger, et vous l'avez suivi. Êtes-vous donc des brébis de Jésus-Christ, ou des brébis de l'Ante-Christ, vous faites bien de le suivre, afin que vous périssiez éternellement avec lui. Mais si vous voulez être des brébis de Jésus-Christ, pourquoi ne le suivez-vous? Pourquoi ne confessez-vous son Saint Nom, en confessant sa sainte doctrine !

» Quoi ! ne connaissez-vous pas la voix de vôtre Souverain Pasteur ? Ne reconnaissez-vous pas celle des fidèles serviteurs qu'il vous envoye ?... Au contraire, ne reconnaissez-vous pas que la voix des faux pasteurs, qui vous ont séduits et opprimez, est une voix étrangère ; et que leur langage est le langage de Babel ? Lorsque ces faux pasteurs veulent vous détourner de la lecture et de la méditation de la Parole de vôtre Dieu ; lorsqu'ils veulent aussi vous persuader que vous ne devez pas lui adresser vos prières ; lorsqu'ils veulent vous porter à imiter les abominations des payens, à adorer ceux qui par leur nature ne sont point Dieux, à vous prosterner devant de faux Christs, devant des Dieux de pâte et de fiente, devant des ossements de morts, devant des idoles d'or, d'argent, de cuivre, de bois et de pierre, qui ne peuvent ni voir, ni ouïr, ni marcher ; enfin, lorsqu'ils veulent que vous laissiez votre Sauveur pour recourir à ceux qui ne sauroient vous délivrer de la mort et de la malédiction éternelle, ne reconnaissez-vous pas que c'est là la voix des pasteurs anti-chrétiens et idolâtres ; que c'est la voix de Satan, le grand ennemi de la gloire de votre

Dieu, du salut et du repos des fidèles ? Lorsque vous voyez ces malheureux, acharnez comme des bêtes féroces contre les enfars de Dieu, et principalement contre ceux qui ont le plus de zèle pour sa gloire et pour son service, et qui veulent s'assembler selon sa Parole pour invoquer son Saint Nom et pour chanter ses saintes louanges, ne reconnaissez-vous pas que ce sont là les loups ravissans dont Jésus-Christ nous avait parlé dans l'Évangile ?

» Ha ! misérables pécheurs, qui avez suivi les étrangers et les faux prophètes, vous êtes sortis du chemin du Ciel et vous êtes entrez dans celui de l'Enfer. Écoutez maintenant la voix de vôtre Souverain Pasteur, qui daigne encore vous tendre les bras, et vous envoyer ses serviteurs pour vous ramener dans la droite voye. Ayez pitié de vous-mêmes, mes chers Frères ; sortez du piége du Diable, où vos péchez vous ont fait tomber. Retournez à vôtre Dieu que vous avez abandonné ; abaissez-vous au pié de son trône, implorez sa miséricorde et sa grâce, et il aura pitié de vous[1]. »

« Apostolique, populaire, étrange éloquence, dit M. Napoléon Peyrat[2], singulièrement appropriée dans son originalité naïve à ces multitudes rustiques qui, jugeant surtout, comme fait le peuple, par l'imagination et le sentiment, eussent été bien moins convaincues et subjuguées par des preuves logiques que par des analogies et des symboles. D'ailleurs, tout concourait à son triomphe : l'heure, le lieu, les circonstances, les dangers ; cet orateur proscrit, revenu la veille de l'exil, pour aller le lendemain peut-être au martyre ; cet auditoire d'opprimés, de veuves, d'orphelins, dévoués à la mort, comme leurs pères et leurs époux, dont ils croient voir les fantômes

---

[1] *Manne mystique*, première partie, pag. 74 et suiv.
[2] Napoléon Peyrat, pag. 218.

chéris descendre avec les anges dans ces grottes pour prier encore ensemble et les protéger. »

Brousson remplissait à La Haye une charge honorable, largement rétribuée [1]. L'Église le chérissait et le tenait en haute estime; il aurait pu passer le reste de ses jours dans un doux repos. Mais sa santé ayant été miséricordieusement consolidée par la disparition des douleurs de poitrine contractées dans le rude climat des Cévennes, il ne tarda pas à faire connaître à ses collègues les appels intérieurs qu'il recevait de Dieu pour rentrer en France et visiter ces pauvres Églises où son ministère avait été abondamment béni [2].

Il refusa donc la proposition qu'on lui fit de le nommer pasteur en chef de l'Église de La Haye, où le nombre des réfugiés croissait de jour en jour, résista aux affectueuses sollicitations de ses collègues, et prit congé d'eux pour aller de nouveau consoler et fortifier l'Église sous la croix.

---

[1] Il recevait des États de Hollande 400 florins, et 150 de la Société de La Haye.

[2] Quick : *Bibliothèque du Protestantisme français.*

CHAPITRE V

Deuxième Ministère au Désert (1695-1696).

Brousson partit de La Haye au commencement de septembre 1695. On l'avait engagé à demander au roi d'Angleterre une escorte pour traverser la frontière ; mais une pareille mesure aurait donné un fondement aux dires de ceux qui l'accusaient de soulever le royaume, et, accompagné de son guide Bruman, dont il devait être sitôt privé, il traversa seul les Ardennes du côté de Sedan. Il visita successivement la Champagne, la Picardie, l'Ile-de-France, la Normandie, l'Orléanais, le Nivernais, la Dordogne et la Franche-Comté, d'où il rentra en Suisse. C'est surtout en Normandie qu'il s'arrêta.

Dès son arrivée dans le royaume, Brousson faillit tomber aux mains de ses ennemis. Il avait eu d'abord l'intention d'éviter Sedan, où son guide était très-connu ; mais il y avait aux environs sept ou huit villages dont les habitants avaient toujours persévéré dans la profession de la Religion opprimée. Brousson ne put se décider à passer outre sans leur apporter les consolations de l'Évangile. Malgré ses recommandations d'agir avec prudence, les fidèles accoururent en foule et donnèrent ainsi l'éveil.

Après une réunion tenue dans les faubourgs de la ville, la maison où l'intrépide pasteur s'était retiré fut investie par les troupes. Brousson, payant d'audace, se présenta à l'officier en lui demandant ce qu'il désirait. On le prit pour le maître de la maison.

Bruman, qui un bâton à la main semblait se préparer à partir, fut pris pour le ministre et arrêté. Brousson essaya de fuir par une porte de derrière ; mais la trouvant gardée par un grand nombre de soldats, il se cacha dans une chambre basse, derrière la porte, qui lui couvrait les deux tiers du corps ; les soldats ne tardèrent pas à l'y suivre : « Ils tenaient le ministre, » disaient-ils en parlant de Bruman, « et cherchaient les livres qu'il avait apportés ». Ils fouillèrent partout et sortirent sans avoir aperçu le pasteur. Brousson se croyait sauvé, quand il entendit un officier demander à deux enfants de cinq ou six ans de lui indiquer la chambre où le ministre avait couché. Ils ne le savaient pas ; mais quelques instants après l'un deux, apercevant Brousson, courut à l'officier et lui dit en bégayant : « Monsieur, ici, ici », en lui montrant la porte. L'officier ne comprit pas et s'éloigna. C'était une délivrance miraculeuse, mais il fallait fuir en toute hâte. Brousson prit les vêtements d'un palefrenier, se chargea d'un fardeau, et traversa ainsi sans être reconnu les postes qu'on avait mis à l'entrée des faubourgs[1].

Délivré, il continua son voyage. Il écrivait, le 20 décembre 1695, qu'il avait déjà parcouru plusieurs provinces et tenu un grand nombre d'assemblées. Sa santé était chancelante, mais le zèle du peuple lui donnait sans cesse de nouveaux encouragements. « Plût à Dieu que mes très-honorez collègues, et surtout ceux des provinces que je traverse, puissent voir comme moi l'ar-

---

[1] *Lettre du 25 octobre 1695, citée dans la Vie et la mort de Claude Brousson, exécuté pour la foi de l'Évangile.* — Court ; *Histoire des Martyrs.*

deur de mes pauvres frères à l'ouïe de la prédication de
la Parole de Dieu ? Il seroit impossible que leurs entrailles
n'en fussent émues de zèle à les venir secourir... Assurément la moisson est grande, et nous devons tous prier
Dieu qu'il envoie lui-même des ouvriers, et qu'il fasse
connoître à ceux qu'il a honorés du Saint-Ministère qu'ils
sont indispensablement obligés de venir travailler à cette
moisson, tant pour la gloire de Dieu, qui s'en dit jaloux,
contre ceux qui ne s'y intéressent pas comme ils doivent,
que pour le salut des âmes affamées et altérées de sa Parole, et qui sont en danger de périr, faute d'aide et de
leçon dans cette dure tentation. »

Le zèle des fidèles était grand : dans deux réunions
il y avait eu environ quatre cents communiants ; mais ce
peuple était sans pasteur pour le diriger. Brousson fut
donc amené par cet état de choses à donner aux Églises
une organisation indépendante d'un ministère régulier.
Il écrivit à ce sujet plusieurs *Lettres pastorales* dont les
copies se trouvent aux Archives de Montpellier, et qui furent
distribuées dans toutes les Églises [1].

A cette période de son ministère, Brousson a perdu
l'espoir d'obtenir pour les Réformés droit de cité dans le

---

[1] Au bas de chacune de ces lettres se trouvait l'annotation suivante,
que Brousson mettait également à la fin de ses sermons : « Ceux entre
les mains de qui cette lettre tombera sont exhortés au nom du Seigneur
à la lire ou faire lire dans l'assemblée des fidèles, et chaque Église est
aussi exhortée au nom du Seigneur à la communiquer aux autres Églises
voisines et à en faire pour cet effet des copies exactes et bien lisibles.
Il est nécessaire que cette lettre soit lue de temps en temps dans chaque
Église jusqu'à ce qu'elle ait trouvé le moyen d'exécuter les choses qui
sont marquées pour son édification. »

royaume ; il sent que le repos et le rétablissement de l'Église ne sauraient venir du monde : « La piété seule du peuple, écrit-il, peut toucher la miséricorde de Dieu. Il faut donc continuer comme les premiers chrétiens à l'invoquer de nuit, dans les cavernes et dans les déserts, pour émouvoir sa pitié par un culte vraiment pur. »

Mais les pasteurs manquaient pour présider les assemblées. Brousson recommande donc qu'on choisisse des anciens pour veiller sur l'Église dans chaque ville ou village, et d'en désigner un parmi eux pour remplir les fonctions de ministre extraordinaire. L'élection de ce dernier serait faite par les chefs de famille réunis aux anciens : ils devaient s'attacher à choisir un des chrétiens les plus éprouvés de la communauté. Chacun restait libre de proposer celui qu'il croirait digne de remplir cette fonction. Il suffisait à ce ministre, qui avait charge d'âmes et administrait les sacrements, d'avoir la crainte du Seigneur et une vie pure et sainte.

Si Brousson n'exigeait pas la connaissance des « lettres humaines », il demandait une grande pureté de doctrine. Il faut que ce ministre sache :

« I. Qu'il n'y a qu'un seul Dieu en trois personnes : le Père, le Fils et le Saint-Esprit....

» II. Que nous ne devons attendre notre salut que de la miséricorde de Dieu le Père, de la rédemption que nous avons en Jésus-Christ son Fils, qui a souffert la mort pour expier nos péchés,... et de la salutaire efficace du Saint-Esprit, qui opère intérieurement dans nos âmes...

» III. Que la Parole de Dieu est l'unique règle de notre foi et de notre culte....

» IV. Que nous ne devons adorer, servir et invoquer que ce grand Dieu, au seul nom de Jésus-Christ son Fils....

» V. Que Jésus-Christ est l'unique époux, l'unique chef de l'Église, son seul médiateur, patron ou avocat dans le Ciel[1]., etc., etc.»

Brousson indique ensuite comment on ordonnera la séance de l'élection, le chapitre qui sera lu, les psaumes que l'on chantera et les prières qui seront adressées à Dieu [2].

Grâce à ce choix de pasteurs extraordinaires, les enfants pouvaient être baptisés, les mariages bénis. Dans le cas où ce pasteur ne serait pas encore élu, le père et la mère de l'enfant devaient, dès sa naissance, lui donner le nom qu'ils avaient choisi, et le consacrer eux-mêmes à Dieu par la prière.

«Si le prêtre de l'Église romaine demande l'enfant, il faut que le père et la mère répondent que ni eux ni leurs enfans ne sont pas de sa communion, qu'ils n'ont point de foi pour le baptême de l'Église romaine ; que tout ce qui est fait sans foi est un péché, et que, puisqu'ils doivent rendre compte à Dieu de leurs enfans, ils ne veulent pas leur donner des choses qu'ils ne voudroient pas pour eux-mêmes. Les fidèles devoient au besoin faire cette réponse par écrit: «que si on les condamnoit à quelque amende, mieux vaudroit subir cette nouvelle persécution que d'être infidèles à Dieu ».

Il arrivait quelquefois que les prêtres catholiques prenaient de force les enfants pour leur administrer le baptême; les fidèles devaient alors protester contre ces mesures injustes « sans jamais suivre leurs enfants dans le

[1] Voir Preuve VII : *Lettre d'un serviteur de Dieu à l'Église de Dieu qui est sous la croix*, sur le pouvoir d'administrer les Sacrements.

[2] Archives de Montpellier, c. 191. (a) *Lettre pastorale à l'Église de Dieu qui est sous la croix* : I. Sur les mutuelles assemblées ; II. Sur l'établissement des anciens. (b) *Lettre d'un serviteur de Dieu à l'Église de Dieu qui est sous la croix*, sur le pouvoir d'administrer les Sacrements.

temple des idoles », et ne leur donner ni parrain ni marraine, ce qui aurait paru une approbation de la violence des prêtres.

Une dernière et importante question préoccupait Brousson : Bien des personnes faisaient bénir leur mariage par des prêtres.

« Il seroit à désirer, écrit-il, que ceux qui ne sont pas mariés pussent s'abstenir de se marier et qu'ils sortissent du Royaume pour aller se marier ailleurs. S'ils ne le peuvent, puisque la nécessité dispense des formalités ordinaires, ils doivent se marier comme autrefois les patriarches et les autres fidèles dont il est parlé dans l'Écriture. Nous devons, en effet, considérer que le mariage n'est pas un sacrement, et que, dans toutes les divines Écritures de l'Ancien et du Nouveau Testament, il n'est jamais dit que pour faire un mariage il faille se présenter devant un pasteur. Notre-Seigneur dit seulement que l'homme laissera son père et sa mère et qu'il se joindra à sa femme. Ce qui nous fait voir qu'il n'y a que le consentement de l'homme et de la femme, avec celui de leurs pères et de leurs mères, et la consommation du mariage qui fassent le mariage selon la Parole de Dieu.

» C'est pourquoi il suffit, en ce temps de désolation, que ceux qui veulent se marier fassent un contrat de mariage du consentement de leurs parens, qu'ils fassent publier les bans ou annonces dans la place publique, par un sergent dans les lieux où cela se peut faire, ou par quelque autre personne, en présence de deux témoins qui en feront leur déclaration ou certificat par écrit, et qu'ils aillent ensuite déclarer eux-mêmes devant le juge tenant les Plaids ou en présence de deux témoins qu'ils se donnent mutuellement la foi du mariage. Pour cet effet, l'époux déclarera qu'il prend pour sa femme et légitime épouse telle... ici présente, et l'épouse déclarera aussi qu'elle prend pour son mari et légitime époux tel... ici présent. S'ils trouvoient même de la difficulté à faire cette déclaration devant le juge, il suffiroit de le faire dans la place publique au milieu du peuple, dans les lieux où cela se peut sans danger et en présence de deux ou trois témoins réformés qui en signeroient la déclaration par écrit avec l'époux et l'épouse, ou enfin ils pourront faire cette déclaration au milieu des personnes invitées à la noce.

» Comme la publication des bans ou annonces ne se fait que pour savoir s'il y a de l'empêchement au mariage, le défaut de cette formalité, qui n'est pas ordonnée par la Parole de Dieu, n'est pas considérable dans un cas de nécessité comme celui-ci, s'il est vrai qu'il n'y ait point d'empêchement.

» Au reste, il faut que l'époux et l'épouse célèbrent ouvertement la noce, leurs parents et amis invités selon la coutume, et qu'ils se tiennent ouvertement et publiquement pour mariés.

» Il seroit pourtant bon que dans quelque assemblée des fidèles, celui qui fait les prières publiques, ou même le père de l'époux ou celui de l'épouse dans leur maison le jour de la noce, en présence d'une petite assemblée, leur lût la liturgie du mariage. Car comme le mariage n'est pas un sacrement, cette liturgie ne tend qu'à deux fins : la première, à prendre à témoin toute l'assemblée que l'époux et l'épouse se donnent la foi du mariage et qu'ils accomplissent la promesse mutuelle qu'ils s'étoient faite de s'épouser l'un l'autre ; la seconde, à faire que toute l'assemblée prie Dieu qu'il leur donne sa bénédiction selon le formulaire de prière qui est dans la même liturgie.

» Si on les fait ensuite assigner devant l'official, il faut qu'ils répondent que l'official n'est pas leur juge, puisqu'ils ne sont pas catholiques romains. Et si on les fait ensuite assigner devant le juge ordinaire, il faut qu'ils disent par écrit pour leur défense que le mariage étant du droit naturel et du droit divin, on ne peut pas l'empêcher. Que Dieu l'a même ordonné pour éviter le crime, qu'il est d'ailleurs de l'intérêt de l'État que les sujets du Roi se marient; que cependant depuis douze ans il y a une infinité de personnes qui s'abstiennent de se marier pour éviter d'être inquiétés; que, n'étant pas catholiques romains, ils n'ont pu célébrer leur mariage dans le temple de l'Église romaine ni ailleurs, par le ministère d'un prêtre catholique romain, sans blesser leur conscience ; que n'ayant pu non plus observer les formalités qui avoient lieu autrefois dans nos saintes assemblées, ils n'étoient pas tenus à l'impossible ; que d'ailleurs Dieu, qui a institué le mariage, ne prescrit pas de formalités dans sa Parole, qu'il ordonne seulement que l'homme laisse son père et sa mère et qu'il se joigne à sa femme, qu'ainsi c'est le consentement qui fait le mariage ; que par conséquent s'étant donné la foi du mariage et le mariage étant consommé, ils ne sauroient se violer la foi l'un à l'autre sans un crime horrible ; et qu'enfin, puisque c'est Dieu lui-même qui ordonne le mariage et qui l'autorise, on ne doit pas séparer ceux que Dieu a joints.

» Si nonobstant cela le juge déclaroit le mariage nul, il faudroit que les mariés en appelassent au Parlement et qu'ils demeurassent toujours ensemble. Et si le Parlement confirmait le jugement inférieur, en quoi il n'y a point d'apparence, il faudroit envoyer une requête au Conseil et vivre toujours ensemble ; car, comme il a été déjà remarqué, les hommes ne peuvent pas séparer ceux que Dieu a joints. Mais il n'y a pas apparence que la Cour permette que, contre l'intérêt de l'État, on annulle des mariages où il n'y a rien à dire, selon la Parole de Dieu, et qui ne peuvent être faits autrement. En un mot, ou il ne faut pas se marier, ou il faut se marier sans blesser sa conscience [1]. »

C'était la mise à exécution du projet de 1683. Le roi voulait anéantir l'Église réformée; Brousson, en organisant cette Église et en y maintenant la vie par l'organisation, montrait au monarque que les persécutions étaient vaines

---

[1] *Lettre d'un théologien protestant,* sur la question : S'il y a du péché à satisfaire la conscience des pères et des mères fidèles dont les enfants ont été baptisés par force dans l'Église romaine et qui souhaitent que ces mêmes enfants soient consacrés à Dieu par le pur et vrai baptême de la nouvelle alliance.—*Lettre pastorale à l'Église de Dieu qui est sous la croix,* sur les enfants qui sont baptisés dans l'Église romaine ou instruits dans ses écoles, et sur les mariages qui sont célébrés par le ministère d'un prêtre catholique romain avec des instructions sur ces matières. (Archives de Montpellier, c. 191.)

et que les fidèles, protestant contre toutes les mesures iniques prises contre eux, ne se révolteraient pas, mais ne se soumettraient pas non plus.

Les aveux échappés au farouche Basville lui-même auraient pu dissiper les illusions qu'on entretenait avec soin dans l'esprit de Louis XIV, quant au résultat des persécutions. « Généralement parlant, écrit-il, tous les nouveaux convertis sont plus à leur aise, plus laborieux et plus industrieux que les anciens catholiques... Ils conservent presque tous dans leur cœur leur mauvaise religion et souhaiteraient qu'elle pût être rétablie... Comme ce n'est que par crainte du châtiment que les nouveaux convertis ont été sages, la religion n'a fait aucun progrès véritable dans leur cœur. J'ai toujours cru que le plus méchant des partis sera celui de les trop presser par l'usage des sacrements. Les nouveaux convertis confesseront et communieront tant qu'on voudra, pour peu qu'ils soient pressés et menacés par les Puissances séculières. Mais cela ne produit que des sacriléges. Il faut attaquer les cœurs : c'est où la religion réside, on ne peut l'établir solidement sans les gagner [1] ».

Après l'aventure de Sedan, Brousson traversa, comme nous l'avons vu, la Champagne et la Picardie, en y présidant des assemblées fort nombreuses, et s'arrêta en Normandie. Il y reçut, en janvier, une lettre de son ancien guide et fidèle ami, Henri Pourtal, qui lui fait un som-

---

[1] *Mémoires pour servir à l'Histoire du Languedoc* ; par M. de Basville, intendant de cette province. Amsterdam, 1734. — Ces Mémoires avaient été écrits en 1698 ; Basville y consignait les expériences qu'il avait faites depuis 1685, année où il fut nommé à l'Intendance du Languedoc.

bre et décourageant tableau de l'état des troupeaux qu'il visite. Ne l'oublions pas : si le ministère du désert avait d'austères et saintes joies, la tiédeur et la lâcheté d'un grand nombre étaient pour les serviteurs de Dieu la source d'amères tristesses. Nous citerons cette lettre et la réponse de Brousson.

« L'Intendant a dit que je serois capable de soulever la province, qu'il falloit m'avoir mort ou vif, ajoutant qu'il donneroit mille livres à qui me livreroit entre ses mains ; mais le bon Dieu, qui connoît le fond de mon cœur, le désir que j'ai de lui plaire et qui sait bien qu'il n'y a rien du monde ni de la chair, qu'il n'y a que l'intérêt de sa gloire et le salut de mon prochain qui m'aient porté à m'exposer à de si grands dangers, a débattu la cause de mon âme ; il m'a fait justice jusques à cette heure et le fera encore à l'avenir, s'il lui plaît, parce que j'ai mis en lui toute ma confiance, et nonobstant toutes les menaces du diable et de l'enfer j'ai continué de travailler à la consolation de mes frères... Il y a des endroits dans les Cévennes où les gens se sont relâchés dans la piété et tellement pervertis qu'ils vont en foule dans le temple des idoles pour faire bénir leurs mariages, pour faire baptiser leurs enfants, pour éviter de souffrir quelque chose pour la gloire de Dieu...

» En vérité, Monsieur, quand je vois la malheureuse conduite de ce peuple impénitent, je tremble et je crains bien que Dieu n'achève de le détruire en sa colère, comme il a commencé de le faire à cause de sa révolte, de son impénitence, et de l'horrible corruption dans laquelle il est tombé, sans que rien soit capable de l'en détourner. C'est pourquoi, voyant qu'il n'y a point de ressource pour le ramener de son égarement, j'exhorte le peu de fidèles qu'il y a encore dans cette nouvelle Égypte à sortir promptement du milieu des infidèles... Pour moi, si je ne vois du changement, si ce malheureux peuple ne profite pas mieux de nos remontrances, nous serons contraints de nous retirer, après avoir exhorté les bons à suivre l'exhortation du Saint-Esprit : « Sortez de Babylone, mon peuple », car je ne crois pas que Dieu prenne plaisir à voir souffrir toujours ses enfants dans les flammes de la persécution [1]. »

Brousson répondit, le 7 avril 1696 :

«Je ne doute pas, mon cher frère, que vous ne soyez fort en peine de ce que vous n'avez point reçu de nos nouvelles depuis longtemps: mais c'est que Dieu me fait la grâce de m'employer à consoler ailleurs son Église désolée. Quoique je fusse en repos dans le pays d'où je vous ai quelquefois écrit, et que je n'y fusse peut-être pas entièrement inutile, mon esprit y a été dans de si grandes inquiétudes que j'ai été de nouveau contraint de visiter le peuple de Dieu qui est dans l'affliction. C'est donc ici le huitième mois que Dieu a voulu que j'aie de nouveau mis la main à l'œuvre ; et je puis dire que Dieu répand une grande bénédiction sur mon travail. Je ne suis plus fixé dans un certain pays, je marche toujours, et il y a bien peu d'Églises que je ne visite et que je ne console. Je suis maintenant dans une province où j'ai déjà fait trente-quatre ou trente-cinq assemblées. Mais comme le peuple souhaite partout la communion, ce ne sont partout qu'assemblées de cette nature, où le peuple paroît être fort consolé.

» En général, j'ai moi-même la consolation de voir que presque partout, sur cent personnes qui étoient tombées, à peine y en a-t-il une seule qui persévère dans son péché ou qui n'y renonce pour jamais dès qu'elle a entendu la Parole de Dieu. Je vois bien maintenant l'accomplissement de ce que j'avois dit plusieurs fois dans les quartiers où vous êtes, lorsque je voyais l'endurcissement d'une grande partie de ceux qui y venoient entendre la Parole de Dieu; c'est que j'espérois que Dieu me feroit la grâce de m'employer à prêcher sa Parole dans d'autres lieux où elle feroit plus de fruit, et où je recevrois plus de consolation. En effet, partout où le Seigneur me fait maintenant la grâce de passer, je vois que sa Parole est reçue avec un zèle admirable et une entière obéissance de Foi.

[1] Archives de Montpellier, c. 173. Dossier Pourtal.

» Priez le Seigneur, mon frère, qu'il lui plaise toujours par sa sagesse de me fortifier de plus en plus par son Esprit et de bénir de plus en plus mon ministère. Je lui demande sans cesse les mêmes grâces pour vous et pour tous mes autres frères qui travaillent avec vous à l'œuvre du Seigneur. Je vous prie de les saluer tous de ma part et tous mes autres frères et sœurs. J'ai longtemps hésité si je devois vous faire savoir mes occupations présentes, craignant que cela étant divulgué, n'irrite ceux qui nous affligent injustement ; mais enfin j'ai cru que je devois vous le faire savoir pour votre édification et pour votre consolation. Je crois pourtant qu'il est bon de garder le silence sur ce sujet autant qu'il sera possible. Je vous recommande tous au Seigneur et à la parole de sa grâce[1]. »

Vers cette époque, Brousson avait présidé dans le village de Crocy, près d'Alençon, une assemblée nombreuse : elle fut découverte et plusieurs personnes arrêtées. Retenues pendant huit mois en prison avant que la sentence fût prononcée, traînées de juridiction en juridiction, devant l'Intendant, au Consul, au Bailliage, au Parlement, elles furent enfin jugées au Bailliage et la sentence confirmée au Parlement, le 30 mars 1697. Les uns furent condamnés à des amendes, d'autres au bannissement. Une jeune femme dont le mari était envoyé aux galères fut condamnée à subir le fouet pendant trois jours consécutifs. Au moment où on l'amena pour l'exécution, la femme du bourreau lui enleva son enfant, âgé de deux mois, et l'emporta à l'hôpital. Cette nouvelle épreuve n'ébranla pas cette martyre. Elle souffrit avec tant de résignation et de courage que ses ennemis furent touchés de sa constance. Après l'exécution du jugement, cette jeune femme, jetée en

---

[1] Archives de Montpellier, c. 191.

prison, fut visitée et consolée par les catholiques eux-mêmes, qui avouaient que de pareils traitements déshonoraient leur religion [1].

Peu après cette assemblée, Brousson se trouvait encore en Normandie, chez un gentilhomme qui le faisait passer pour un de ses parents. Il y avait dans cette maison un assez grand nombre de personnes qui s'y étaient rendues pour affaires des différentes parties des fiefs de ce gentilhomme. Un avocat catholique d'Alençon, « homme d'esprit et d'honneur, mais zélé pour sa religion jusqu'à l'aveuglement », reconnut à l'accent de Brousson qu'il n'était pas de Normandie ; il lui posa plusieurs questions embarrassantes et s'aperçut facilement que ce prétendu parent était un ministre. Il fit comprendre à son hôte qu'il avait reconnu le pasteur, mais ne le dénonça point. Le lendemain, Brousson était parti. L'avocat s'expliqua alors ouvertement avec le gentilhomme, et l'engagea à être plus prudent à l'avenir pour ne pas s'exposer aux délations.

En effet, Brousson s'était arrêté en Normandie plus longtemps que ne le comportait la prudence. Les espions étaient sur ses traces ; il sortit du royaume et se rendit de nouveau en Suisse.

[1] Antoine Court ; *Histoire des Martyrs.*

CHAPITRE VI

Séjour à La Haye (septembre 1696 — 14 août 1697).

Brousson, arrivé en Suisse au commencement du mois
de septembre 1696, prêcha une fois à Lausanne, mais ne
fit que traverser le pays et se rendit directement à La
Haye. Ce séjour, comme le précédent, fut employé à l'impression des volumes de piété et de controverse qu'il
avait écrits pendant son dernier voyage en France, et
aux démarches faites auprès des Puissances protestantes
pour obtenir leur appui dans la demande que l'on adres-
serait à Louis XIV, en vue du rétablissement des Églises
réformées.

Il fit imprimer : l'*Adoration religieuse* ou *Traité de la
Génuflexion dans la prière*; les *Remarques sur la traduction du Nouveau Testament,* par Amelotte, écrites en
1692, et envoyées à cette époque à la Cour ; ce dernier
ouvrage parut en 1697, ainsi que les *Lettres pastorales
sur le Cantique des Cantiques*; les *Lettres aux Fidèles
persécutés, à l'occasion des saintes assemblées ;* une
*Épître à tous les Réformés de France qui persévèrent
encore dans la révolte ;* une *Instruction pour les exercices de piété des Églises réformées qui sont sous la croix;*
des *Considérations chrétiennes sur le rétablissement de
la Jérusalem mystique.*

Mais les démarches en faveur des Réformés de France
auprès des Princes protestants absorbèrent surtout l'at-

tention et les soins de Brousson. Ces démarches avaient déjà commencé. La première idée appartenait à M. Orillard, ancien pasteur de Saintes. Il lui semblait que Louis XIV, amené à souhaiter la paix par de coûteuses victoires et le désir de réserver toutes ses forces en vue de la succession d'Espagne qui allait s'ouvrir, ne refuserait pas aux Princes protestants le rétablissement de l'Édit de Nantes.

M. Orillard s'en ouvrit à un homme influent auprès de Guillaume III, M. Dodyck, qui promit d'appuyer ce projet. Ce dessein fut alors communiqué à MM. de Vrigny, de Peray, de Beringhen, Jurieu, Benoît, et plus tard à MM. de Chenailles et d'Herwart, qui formèrent un comité de huit membres. Mais, malgré les précautions, on eut vent de ces démarches, ce qui indisposa les Princes protestants, qui avaient demandé le secret le plus absolu ; d'un autre côté, les efforts faits pour agir en silence blessèrent beaucoup de réfugiés qui auraient voulu être consultés. Le parti des mécontents sembla plutôt s'attacher à compliquer les affaires par ses menées « que de concourir dans le même dessein de ceux qui les avaient commencées et continuées si heureusement ». Il fit des assemblées, nomma un comité de dix membres « qui se mit à traiter les affaires communes avec un air d'autorité qui semblait présupposer qu'ils avaient les procurations de tous les réfugiés ». « Cet air de supériorité qu'on a affecté si sensiblement eût été fort inutile, si ce n'est qu'on avait dessein de s'y rendre maître de l'affaire et de vouloir décider, entre un très-petit nombre de gens, du sort général de tous les réfugiés et de tous les États protestants. »

Enfin, les Dix faillirent compromettre tout ce qui avait été fait, en s'adressant directement au roi de France ; tandis que les Huit ne voulaient agir auprès de Louis XIV que par l'intermédiaire des Puissances protestantes. « Le comité des Dix semblait être résolu de ne rien demander qu'en ménageant la bienveillance de la France et de ne rien recevoir d'elle que sous le nom de grâces et en qualité de suppliants, au lieu que les autres insistaient et ont toujours insisté à ne demander aux alliés protestants que la réparation des torts et des injustices qui ont été faits contre tout droit divin et humain, et contre la foy des Édits si solennellement jurés, et que d'ailleurs on ne peut se promettre de sûreté, dans ce qu'on obtiendra de la France, s'il n'est obtenu par le canal et sous l'autorité des Souverains, nos Protecteurs.»

Les avances faites aux Dix furent orgueilleusement repoussées.

Des divisions se produisaient alors au sein même du conseil des Huit. Les uns voulaient simplement demander le rétablissement de l'Édit de Nantes, avec la révocation de tous les Jugements et Ordonnances qui avaient été rendus par Louis XIV. D'autres désiraient aussi le rétablissement de cet Édit, mais avec l'addition de certaines clauses trop vagues dans ce traité. Benoît objectait « que le rétablissement de l'Édit de Nantes était une illusion et ne servirait de rien quand même il serait obtenu, et que par conséquent il fallait demander un autre Édit ». N'était-ce pas, en effet, grâce à l'ambiguïté des articles de l'Édit que l'on avait pu accabler les Réformés de tant de vexations d'abord, pour finir ensuite par la persécution la plus acharnée ?

Sur ces entrefaites, « les menées du nouveau conseil furent si inquiétantes, que les Huit résolurent d'envoyer un Mémoire à la cour d'Angleterre pour expliquer la situation. Ils firent plus, et ce ne fut pas sans tristesse qu'ils publièrent une pièce qui était comme la révélation publique des discordes survenues au sein même du Refuge [1]. »

Toutes ces luttes et ces divisions devaient nécessairement produire la plus fâcheuse impression sur les Puissances : les Réformés compromettaient, par leur faute, le résultat de l'œuvre commencée depuis trois années et qui semblait en bonne voie.

A ce moment, Brousson arriva à La Haye, et le comité des Huit s'adressa à lui, espérant qu'il pourrait ramener les esprits, faire cesser les divisions et justifier les Réformés auprès des Princes protestants. Il écrivit ses *Très-humbles remontrances à toutes les Puissances Protestantes*, pour les intéresser au sort des persécutés, en leur montrant que leur devoir, autant que leurs intérêts, exigeait cette démarche de leur part.

« Il est juste que par le traité où les Puissances Protestantes sont très-humblement suppliées d'intervenir comme garantes, l'Édit de Nantes soit rétabli pour être inviolablement observé comme une loi et un engagement de la Foi Royale ferme, perpétuel et irrévocable ; que tout ce qui a été fait ou ordonné au préjudice de cet Édit soit révoqué et annulé, avec tout ce qui s'en est ensuivi ; que tous les Protestans de France, sans exception, soient rétablis dans tous leurs droits, priviléges, libertez, biens et revenus d'iceux ; que tous leurs temples soient rebâtis, et que toutes les personnes qui, à l'occasion de la religion, sont

---

[1] *Bulletin du Protestantisme*, 1867, pag. 266.

détennës dans les prisons, dans les galères, dans les couvens, dans les séminaires et ailleurs, soient mises incessamment dans une pleine liberté. »

Pour justifier les réfugiés des tendances républicaines et du mépris de la royauté dont on les accusait, Brousson ajoutait :

«Si les Protestans de France demandent, avec une humilité profonde, cette intervention et cette garantie des Puissances protestantes, ce n'est pas dans le dessein de prendre de là occasion de violer jamais le respect, l'obéissance et la fidélité qu'ils doivent à leur Prince Souverain ; et ils sont persuadez que ce n'est pas, en effet, la pensée des Puissances, dont ils implorent la compassion et la pitié. Leur intention est au contraire d'assurer leur repos et le repos de l'État. Ils agissent comme des enfans obéissans, qui voyant que leur père, prévenu par les artifices d'une marâtre, les a fait traiter avec une rigueur qui a mis leurs biens, leur vie, leur honneur, leurs enfans et leur salut dans un extrême danger, et désirant d'être réconciliez avec lui, souhaitent que leurs Parens interviennent dans cette réconciliation, afin que leur intervention serve désormais de frein à la passion de celle qui voudroit les perdre, et que leur père puisse désormais lui opposer lui-même ce juste obstacle. »

Ce Mémoire produisit le plus heureux effet ; mais le bon vouloir des Princes protestants dura jusqu'au moment où il fallut en donner des preuves.

Brousson s'efforça aussi de mettre fin aux divisions qui existaient au sein du Refuge. Les Huit, faisant toutes les concessions, offrirent aux Dix de s'en remettre entièrement à leur décision sur les demandes à adresser aux Puissances.

« Pour l'amour de l'union et de la paix, étant résolus de faire tout ce qui sera raisonnable et chrétien pour y parvenir, nous avons jugé que des assemblées, de quelque manière qu'elles pussent être formées, seroient occasion de contestation ; c'est pourquoi nous avons bien voulu déférer à ces Messieurs le privilége de donner la forme à la demande et les prions de nous la communiquer, promettant de bonne foy d'agréer tout ce qui sera conforme à nos communs intérêts. Et que si cette proposition ne leur plaît pas, nous offrons de leur donner la même demande et de la leur présenter aux mêmes conditions. Fait à La Haye, le 12 octobre 1696. »

Cette proposition, dont les termes reconnaissaient en quelque sorte la supériorité des Dix, fut orgueilleusement repoussée. On ne s'en tint pas là. Brousson fit de nouvelles démarches et obtint enfin qu'une conférence aurait lieu chez M. de Villarnoul. Les Huit seraient représentés par trois des leurs, les Dix pouvaient s'y rendre en aussi grand nombre qu'ils le désiraient. Cette avance fut enfin acceptée.

Les représentants des Dix consentirent à avouer « qu'ils étaient bien aises de ce qu'on avait bien voulu se réunir et se joindre à eux ». On les pria de communiquer leur demande aux Puissances : ils ne l'avaient pas encore rédigée et acceptèrent celle qui leur fut proposée par l'autre parti. L'union était rétablie ; il fut décidé : « 1° Qu'on ne présenterait rien désormais que de concert aux Puissances, au nom des réfugiés ; 2° qu'on ne convoquerait aucune assemblée qu'après que les deux personnes qui furent établies pour cela, une de chaque côté, seraient convenues de la nécessité qu'il y auroit de faire cette convocation. »

Le comité des Huit demandait en même temps aux réfugiés de Suisse, d'Angleterre, d'Allemagne, des procurations qui donneraient plus de poids aux demandes faites à La Haye. Ceux du Brandebourg, d'abord disposés à envoyer leur adhésion, ne tardèrent pas à entrer dans une nouvelle voie, probablement sous l'influence du cabinet de Berlin lui-même. Les Réformés étaient devenus les sujets fidèles et dévoués de l'Électeur ; il les aurait vus partir avec peine, et promit seulement d'user de son influence pour obtenir la révocation des Édits qui confisquaient les biens des réfugiés [1].

Les divisions survenues entre les réfugiés anglais, qui prenaient aussi leurs mesures pour répondre favorablement aux demandes de La Haye, firent tant de bruit que « la régence » s'en mêla et arrêta leurs mouvements par « des deffenses ».

Les réfugiés hollandais furent plus heureux auprès de leurs frères de Suisse [2]. Brousson leur écrivait : « Les Puissances nous paroissent assez bien intentionnées, mais nous entendons de tems en tems des paroles qui nous font craindre que si nous n'agissons et ne nous donnons même de grands mouvemens, comme s'agissant de l'intérêt de Dieu et de son Église injustement opprimée, on n'aura pas assez de vigueur pour surmonter la résistance de la France, qui peut-être est elle-même contrainte, contre son propre intérêt, de faire résistance pour complaire au Clergé, aux Jésuites et à la Cour de Rome, d'où nous vient tout notre mal. » La réponse ne se fit pas attendre. Les Réformés de Berne, Lausanne, Vevay, Morges, Yverdon, envoyèrent leurs pleins pouvoirs à La Haye.

[1] Voir, pour plus de détails, *Bulletin du Protestantisme*, 1867 pag. 306 et suiv.

[2] Voir Preuve VIII.

Benoît les remercia vivement: « Je dis avec raison, Messieurs et très honorés Frères, et il est aisé de comprendre que nous mettons de la différence entre celui qui nous a détruits sans cause et ceux qui, dans notre nécessité, nous ont tendu les bras, ouvert leur sein et leurs trésors, accordé leurs protections et fait mille grâces[1]. »

Mais les Réformés purent s'apercevoir bientôt qu'ils avaient peu à espérer. Les préliminaires avaient été signés sans qu'il fût parlé des Réformés de France. Le traité fut signé, il n'en fut pas davantage question ; il fallut se contenter de la promesse que les intérêts des Protestants seraient défendus dans les *postulata*[2].

Brousson sentit encore une fois qu'il ne fallait espérer qu'en Dieu, et, après avoir réfuté, dans sa *Réponse aux objections que l'on fait contre l'Édit de Nantes*, une brochure dirigée contre les Réformés, il se prépara à rentrer en France.

---

[1] Lettre d'E. Benoit, 18 juillet 1697, citée *Bulletin du Protestantisme*, 1867, pag. 311.

[2] Les citations et détails précédents, relatifs aux négociations pour la paix de Ryswick, sont empruntés aux manuscrits suivants déposés dans la Bibliothèque d'Ant. Court :

Journal de ce qui s'est passé entre quelques Réfugiés pour parvenir au rétablissement des Églises Réformées de France, depuis l'an 1693, n° 48.

Autre Mémoire sur le même sujet, n° XII, BB, n° 48.

CHAPITRE VII

**Troisième Ministère au Désert. — Arrestation. Mort
(1697-1698).**

Les dernières victoires de Louis XIV lui permettaient
de parler en maître. Brousson songea encore à justifier
les Réformés de tout esprit de révolte contre le grand Roi
dans un écrit confié à M. de Beringhen, et destiné aux
plénipotentiaires d'Angleterre, où, « comme ministre de
l'Évangile, considérant que c'est le devoir des vrais chrétiens de souffrir patiemment pour le service du Seigneur, il proteste de nouveau, tant en son nom qu'au
nom de tous les frères de France, contre tout ce qui
pourroit être dit, écrit, fait ou négocié contre le respect,
l'obéissance et la fidélité qu'ils doivent à leur prince [1] ».
Le 14 août, muni d'un passeport délivré par les Provinces-
Unies à Paul de Beauclose et signé de M. F. Fagel, grand-
pensionnaire de Hollande [2], il partit de La Haye pour se
rendre en France.

Brousson, pressé par sa conscience et son amour pour
l'Église, allait de nouveau et pour la dernière fois affronter le martyre, et son départ n'eut lieu qu'après de grands
déchirements. Sa femme, pressentant le malheur qui
allait le frapper, avait essayé de le retenir à La Haye. Il
lui écrivait bientôt après pour l'encourager et la fortifier :

[1] Requête du 2 novembre 1698. Archives de Montpellier, c. 191.

[2] Cette pièce, portant la date du 12 août, se trouve aux Archives de
Montpellier, c. 191.

« Je suis fort en peine pour vous, ma chère femme, sachant que vous avez si peu de force d'esprit pour supporter les épreuves par lesquelles il plaît à Dieu de vous faire passer. Vous n'avez pas considéré comme vous deviez les grâces qu'il m'a faites et celles qu'il vous a faites aussi en même temps. Lorsqu'il permit que je fusse chassé de France, on regardoit cela comme un effet de sa colère contre moi. Cependant ce fut par là qu'il nous mit à couvert, vous et moi, de l'orage qui devoit tomber sur tout son peuple. Depuis cela, il m'a retiré des occupations du siècle et il a daigné m'appeler au Sacré Ministère de sa parole : Il m'a même fait la grâce de m'employer à une œuvre des plus extraordinaires et des plus importantes dont on ait jamais ouï parler. C'est sans contredit ma couronne. Cependant vous résistez toujours en quelque manière à la vocation de Dieu, et par là vous vous opposez en quelque sorte aux intérêts de sa gloire, à l'avancement de son règne, au salut et à la consolation de son peuple désolé, à mon devoir et à mon propre salut. Je ne suis pas étonné que la chair combatte d'abord contre l'esprit, car quel est le fidèle qui ne sente souvent en soi-même de pareils combats. Mais il faut que l'esprit l'emporte sur la chair. Il faut que nous nous soumettions à la volonté de Dieu. Il faut que nous nous souvenions que nous ne sommes au monde que pour le glorifier, afin d'avoir un jour part à sa gloire et à sa félicité céleste.

» Il faut que je suive sa vocation et le mouvement de ma conscience : et il faut que vous fassiez à Dieu un sacrifice de toutes les considérations de la chair et du sang pour acquiescer à sa volonté. Vous devez avoir reconnu que j'ai la crainte de Dieu ; et les grâces que ce bon Dieu m'a accordées par le passé vous doivent donner cette sainte confiance, qu'il me conduira toujours lui-même par sa sagesse, et qu'il me donnera toujours des témoignages de sa miséricorde, de son amour et de son soin paternel.

» Que cette considération vous mette l'esprit en repos. Mais en même temps ne cessez de recourir à la prière et aux autres exercices de piété, de vous réjouir de ce que Dieu daigne m'employer à une œuvre si excellente. Ne vous inquiétez de rien ;

souvenez-vous toujours que Dieu conduit toutes choses avec une sagesse admirable [1]. »

Brousson traversa l'Allemagne, la Suisse, la Franche-Comté, et se disposait à aller directement dans le Poitou pour y exercer son ministère, quand on l'informa des merveilles opérées par Dieu dans le Vivarais et le Dauphiné : un grand nombre de jeunes gens tombaient dans un profond assoupissement, lui disait-on, et dans cet état faisaient des prédictions, prêchaient, citaient l'Écriture, sollicitaient leurs auditeurs à se repentir de leur changement de religion et à rentrer dans leur premier état. Brousson abandonna son premier projet et voulut aller constater par lui-même ces faits merveilleux. Le 4 novembre 1697, il entra dans le Vivarais, où il resta deux mois, et le 24 décembre il passa en Dauphiné.

Le pauvre peuple de cette région, en proie depuis de longues années aux persécutions les plus cruelles, privé des directions et des consolations de ses pasteurs, qui n'osaient plus affronter le martyre, n'ayant plus selon le monde aucun espoir de voir un terme à ses souffrances, « avait rejeté la raison vulgaire pour se conduire par l'imagination, raison divine et merveilleuse, au moyen de laquelle, fuyant les hommes pervers, il pouvait se consoler avec les Anges. Il s'égarait dans cette région mystérieuse où l'âme éperdue trouve l'extase, la vision du monde invisible, la contemplation de Dieu même [2]. »

L'âme mélancolique et tendre de Brousson, exaltée aussi par la souffrance et les longs espoirs déçus, sembla

---

[1] Court ; Lettre de Brousson : *Histoire des Martyrs.*

[2] Napoléon Peyrat ; *Histoire des Pasteurs du Désert*, tom. I, pag. 190.

se retremper pour la lutte au milieu de ces montagnards inspirés. Il vit ces nombreux prophètes, tous gens incultes, adolescents ou enfants même au berceau, qui, tombant dans l'extase et saisis par l'Esprit, annonçaient les merveilles du Seigneur et confirmaient souvent, aux yeux des multitudes, leur apostolat par des prodiges : un enfant de douze ans prédit les revers de Louis XIV dans sa lutte avec Guillaume d'Orange. Puis c'étaient des lumières célestes qui enveloppaient les martyrs, des chants, des mélodies suaves, apportant aux pauvres proscrits comme un avant-goût du séjour divin.

Le pieux apôtre trouva dans ces témoignages de la présence de Dieu au milieu de son peuple, une force, une consolation au sein du redoublement de la persécution, et se sentit pressé d'en conserver et fixer le souvenir dans un journal qu'il devait faire imprimer à son retour en Hollande, sous le titre de : *Voyage de l'auteur en Vivarais et en Dauphiné* [1].

Les malheurs du peuple de Dieu allaient croissant; la paix conclue avec les Puissances étrangères, toutes les forces inoccupées avaient été tournées contre les Réformés.

« Depuis la Paix générale, écrivait-il le 28 mars 1698, la France est devenue pour les Protestans français un théâtre de deuil et de désolation. Chaque fois qu'ils manquent d'aller à la Messe ou

[1] On trouva sur Brousson, au moment où il fut arrêté, le brouillon en quatre cahiers de ce voyage. Ce manuscrit précieux ne se trouve plus au dossier. Il en existe seulement un résumé, fait probablement à Pau lorsque Brousson fut transféré des prisons de cette ville à Montpellier. — Interrogatoire du 2 novembre. Archives de Montpellier, c. 191.

d'envoyer leurs enfants à la doctrine Romaine, on les condamne à des amendes exorbitantes, dont une seule surpasse ordinairement, à l'égard du peuple, trois ou quatre fois la capitation. On force au payement de ces amendes par des logements effectifs des gens de guerre ou des milices bourgeoises à quinze sols par jour chaque soldat, outre sa nourriture. Ces logements sont redoublés de jour en jour, s'il y a assez de soldats pour cela. Et souvent ces soldats ou milices font des ravages horribles, enfoncent les cabinets, pillent ce qu'ils y trouvent, emportent les meubles qu'ils peuvent vendre, et souvent ce sont les Prêtres qui les achètent à vil prix, brisent et brûlent les autres meubles, et répandent le vin dans les caves. On dit à notre pauvre peuple que quand il auroit des maisons pleines d'argent, on le ruinera, et qu'après tout cela encore, il faudra aller à la Messe. Quand on a dévoré les gens et qu'on trouve de la fermeté, on met en prison les chefs de famille et on enferme les filles dans les couvents. On fait même quelquefois souffrir de mauvais traitements aux personnes qui demeurent fermes.

» Plusieurs vont à la Messe ou au Sermon (M. le baron de Villevieille, l'un des colonels des milices, creva un œil à une femme du voisinage de Sommières parce qu'elle refusoit d'obéir) en pleurant et gémissant. Mais ils ont beau témoigner l'horreur qu'ils ont pour le culte auquel on les contraint d'assister, on ne s'en met point en peine. Plusieurs chefs de famille se laissent dévorer. Plusieurs autres abandonnent leur maison. On relègue ceux qui sont un peu distingués et dont l'exemple pourroit affermir le peuple. Il n'y a que quatre ou cinq jours que M. l'Intendant, étant à Anduze, reçut soixante lettres de cachet pour cela. On relègue aussi un grand nombre des femmes et des filles fidèles dans les couvens. Nous sommes abandonnés à la fureur du Clergé, qui est celui qui, de concert avec les Intendants, dirige cette persécution, jusque là que quelquefois les Consuls font les logements par ordre du Clergé.

» On nous insulte en nous disant : Hé bien ! voyez bien si les Puissances Protestantes ont rien fait pour vous? Si les passages étoient libres, ce qui n'est pas, la dispersion seroit plus grande cette fois que la première[1].»

Ces mesures iniques ne ralentissaient pas le zèle des fidèles ; jamais les assemblées n'avaient été aussi nombreuses ni aussi fréquentes.

Brousson tenta un nouvel effort pour toucher le roi. Dans les mois de mars et d'avril, il lui adressa cinq Requêtes[2] ; il protestait encore une fois de l'attachement des Réformés pour Sa Majesté, et lui montrait tout le préjudice que le roi portait à son royaume en persécutant ses sujets.

« On assure que les plénipotentiaires de Votre Majesté dirent après la signature de la paix que ceux des Puissances protestantes n'avoient pas fait de grands efforts pour obtenir de l'équité de Votre Majesté le rétablissement de ses sujets Protestants. Ce sont des choses qui ne nous sont pas connues. Nous ne doutons pas de la piété des Puissances qui professent la religion protestante ; mais ne pourroit-on pas dire, Sire, que quelques-uns de leurs ministres peuvent être dans une grande tentation lorsqu'ils considèrent qu'il est de l'intérêt de leurs maîtres de laisser votre Royaume dans le trouble, afin d'en diminuer les forces et de fortifier leurs propres États par le grand nombre de vos sujets qui sont sortis de France, qui en sortent et qui en peuvent encore sortir. Ils savent par expérience que le peuple que leurs maîtres ont recueilli et qu'ils recueillent dans leurs États est un peuple fidèle, laborieux et industrieux : qu'il y a même parmi ce peuple dispersé un grand nombre de

---

[1] Cité par Court ; *Histoire des Martyrs.*

[2] Trois de ces Requêtes se trouvent aux Archives de Montpellier ; ce sont celles du 15 mars, du 13 et du 20 avril. Dans la première, il justifie la foi des Réformés, dans la deuxième leur morale, et dans la troisième leurs sacrements.

bons officiers et de bons soldats, et que les uns et les autres servent avec zèle ceux qui leur donnent du pain dans leur misère, et qui leur accordent leur protection[1].»

Dans sa noble et naïve droiture, Brousson n'a pu être persuadé par une suite de calamités sans cesse renaissantes que les persécutions sont systématiquement et méchamment poursuivies ; il s'obstine à dissiper un malentendu, source de douleurs aussi effroyables, et, pour la vingtième fois peut-être, justifie auprès du roi les croyances de ses sujets Réformés en exposant «leur foi, leur culte, leur morale, leur créance à l'égard des divines Écritures, leur pratique au sujet des sacrements».

Ils ne veulent que la liberté de rendre à Dieu le culte qui lui est dû, et, s'ils doivent et rendent à leur roi le respect qu'il est en droit d'attendre de ses sujets, jamais ils ne céderont à la persécution.

« Les vérités célestes, Sire, sont trop profondément imprimées dans nos cœurs pour pouvoir en être effacées. Quand les violences qu'on exerce contre nous dureroient cent ans, les pasteurs de l'Église Romaine ne viendroient pas à bout de leur entreprise. Ils feroient vivre vos sujets dans la discorde, dans une mortelle animosité, dans un état fort violent, ils mineroient votre Royaume, mais ils ne réussiroient pas dans leur projet. Nous ne sommes plus dans les siècles de ténèbres où l'on pouvoit espérer de faire perdre au peuple chrétien la connoissance de la vérité avec celle des divines Écritures. Permettez-nous, Sire, de représenter avec une humilité profonde à Votre Majesté que la Réformation est l'ouvrage de Dieu, que tous les hommes du monde ne sauroient la détruire, et que les mauvais pasteurs qui s'efforcent de la ruiner au lieu de se réformer eux-mêmes

---

[1] Requête du 13 avril.

selon les divines Écritures, seront trouvés faire la guerre à Dieu et verront enfin de tristes marques de sa colère[1].»

Brousson ne se contenta pas d'adresser ces Requêtes à la Cour, il les envoya à l'étranger pour les y faire imprimer et les répandre ensuite lui-même dans le royaume. Il s'était rendu à Nimes pour remettre au bureau de la poste ces Requêtes, qu'il adressait à MM. de Barbezieux et de Pontchartrain, ministres d'État. Les espions de Basville furent ainsi mis sur ses traces, et il courut les plus grands dangers. L'Intendant, en apprenant le retour de Brousson, avait élevé la mise à prix de sa tête. Il promettait six cents louis de quatorze livres à qui le saisirait. Dès l'arrivée à Nimes de l'intrépide pasteur, la maison où il s'était retiré fut investie ; il en était sorti deux heures auparavant.

Il quitte Nimes, se retire dans les environs ; un traître le dénonce, il s'enfuit dans un autre village qui est cerné par cent vingt dragons au moment où il vient d'en sortir. Quelques jours après, les soldats entourent une maison où il avait cru trouver un gîte sûr. Son hôte n'a que le temps de le faire descendre dans un puits ; à fleur d'eau se trouvait une petite excavation : Brousson s'y cache. Les soldats fouillent dans les moindres réduits sans trouver le ministre. Ils savent cependant d'une façon certaine qu'il est dans la maison et n'a pu s'enfuir. L'un d'eux, qui était du pays et connaissait la cachette, se fait alors attacher à une corde et descend dans le puits. Brousson était perdu quand le soldat, transi de froid

[1] Requête du 20 avril 1698.

ou craignant un accident, assure qu'il n'y a personne et se fait retirer [1] .

Brousson était encore une fois miraculeusement délivré ; mais le danger était trop grand pour qu'il pût espérer se dérober longtemps encore aux poursuites acharnées de ses ennemis. Il entra donc à Orange à la fin du mois d'avril : le traité de Ryswick avait accordé à Guillaume d'Orange la liberté de célébrer le culte réformé dans cette ville, berceau de sa maison. Les Réformés du Languedoc, des Cévennes, du Vivarais, du Dauphiné, y accoururent en foule. De Basville l'apprit et fit saisir à leur retour un grand nombre d'entre eux : ils furent jetés dans les prisons ou envoyés aux galères.

Brousson se remit bientôt à l'œuvre ; une lettre de l'évêque de Rhodez aux nouveaux catholiques lui tomba sous la main ; il y répondit le 21 mai [2] par une lettre justificative qu'il adressa aux ducs de Boufflers et de Villeroi, maréchaux de France. Il leur écrivait :

« Comme nous n'avons plus d'accès au trône du roi, que ceux qui nous affligent ont au contraire une pleine liberté de faire entendre à Sa Majesté tout ce qui leur plaît sans que personne les contredise, et que cependant les maux qu'on nous fait souffrir font une grande brèche à l'État, il seroit à souhaiter que les Écrits qui contiennent notre justification passassent par les mains des principaux seigneurs de la Cour qui ont des lumières, de la droiture et du zèle pour le service du Roi, afin qu'ils puis-

---

[1] Lettre d'Orange, juin 1698, citée par Court.

[2] *Lettre d'un serviteur de Dieu à l'Église de Jésus-Christ qui est sous la croix, au sujet de la lettre d'un évéqué catholique romain adressée à ceux qu'il appelle nouveaux catholiques.* Archives de Montpellier, c. 191.

sent soutenir la cause des innocents et représenter à Sa Majesté ce qui est le véritable intérêt de son royaume [1]. »

De tous côtés des avis arrivaient à Brousson sur les dangers qu'il courait ; il se décida donc à quitter ces quartiers, traversa les Cévennes, visita le Rouergue, le pays de Foix, le Bigorre, et arriva dans le Béarn au commencement du mois de septembre. Le jeudi, 11 septembre, il descendait à Pau, à l'hôtellerie du « Chapeau-Rouge ». Il était porteur d'une lettre de recommandation du sieur Olivier, ministre de Pau établi à La Haye, pour un de ses anciens fidèles, M. d'Espalungue, baron d'Aroir. Au souper, la conversation d'un abbé et d'un gentilhomme catholique romain lui apprit qu'un baron d'Aroir devait venir le soir même dans l'hôtellerie.

Le lendemain, Brousson demanda à un gentilhomme qui était venu coucher dans la même chambre que lui s'il n'était pas le baron d'Aroir. La réponse fut affirmative, Brousson se fit alors connaître ; mais la conversation faisant naître dans son esprit quelques doutes sur l'identité de son interlocuteur, il se hâta de lui demander si c'était bien au sieur d'Espalungue, baron d'Aroir, qu'il parlait, et apprit avec consternation que le sieur d'Espalungue était aux États, à Lescar, d'où il ne reviendrait que le soir. Brousson venait de s'adresser à un apostat du même nom [2]. Cette méprise mit de nouveau les Puissances sur ses traces ; dénoncé, il n'eut que le temps de fuir

[1] *Lettre à Monseigneur le duc de Boufflers*, juin 1698. Archives de Montpellier, c. 191.

[2] Interrogatoire du 4 octobre 1698 ; **Pau.** Archives de Montpellier, c. 191.

de Pau, le mardi 16 octobre, à neuf heures du matin. Le soir, à six heures, il arrivait à Oloron et descendait au logis de la Poste.

Le 18, Christophe Chaillon, assesseur de la ville d'Oloron, se présentait à l'hôtellerie et arrêtait Brousson, au moment où celui-ci se disposait à partir[1]. Brousson remit son épée et n'opposa aucune résistance. On trouva dans son portemanteau des Requêtes, des Sermons, des Lettres pastorales et autres[2] ; l'argent qu'il portait lui fut rendu, après avoir été compté.

Gardé à Oloron jusqu'au lendemain, Brousson fut ensuite conduit à Lescar, où Pinon, intendant de Navarre et du Béarn, assistait aux États. De Lescar, il fut transporté à Pau.

Dès que de Basville apprit cette arrestation, il laissa éclater une joie féroce. Il écrivit à Fléchier : « C'est seulement, Monsieur, pour vous confirmer la bonne nouvelle que Brousson est pris. M. Pinon, l'intendant du Béarn, me l'a mandé. Il a été arrêté à Oloron et transféré à Lescar. J'envoie aujourd'hui à M. Pinon tout ce qu'il faut pour lui faire son procès en deux heures. Je meurs de peur que ce malheureux, qui est bien fin, n'échappe. Il a fait bien du mal et en eût beaucoup fait encore ; jamais fanatique n'a été plus dangereux[3]. »

De Basville envoyait en même temps à l'intendant du Béarn la lettre à M. de Schomberg saisie sur Picq en mars 1691, et lui indiquait comment on pouvait s'en

---

[1] Voir Preuve IX.

[2] Voir Preuve X.

[3] *Lettre du 3 octobre*, citée par le *Bulletin du Protestantisme*, 1866, pag. 134.

servir pour compromettre Brousson. « Je crois qu'il ne faut pas commencer par présenter cet écrit séditieux à Brousson, qu'il pourrait nier par ce qu'il contient. Mais il me semble qu'il faut lui représenter les lettres cy-jointes qu'il m'a écrites et à sa femme et celle écrite à Henry, où il se glorifie de sa conduite, et, quand il aura reconnu toutes ces écritures, il faudra lui représenter son écrit séditieux. » La cruelle sollicitude de l'Intendant va jusqu'à prévoir les questions qu'on devra poser au prisonnier pour connaître les personnes qui l'ont reçu et celles qui ont assisté à ses assemblées.

Brousson subit plusieurs interrogatoires à Lescar et à Pau [1] ; mais Basville ne put se résoudre à laisser frapper par un autre celui qu'il avait poursuivi pendant de si longues années. Il agit donc auprès de la Cour ; on répondit favorablement à ses demandes, et Pinon reçut l'ordre d'envoyer son prisonnier à Montpellier. La noble franchise de Brousson, sa piété, sa candeur, avaient touché l'intendant du Béarn et avaient fait naître en lui quelque affection pour son prisonnier. Aussi, quand le dénonciateur se présenta pour réclamer la somme promise : « Misérable, s'écria Pinon, ne rougis-tu pas de voir les hommes quand tu trafiques de leur sang ! Retire-toi, je ne puis supporter ta présence [2]. »

Au moment du départ, Brousson demanda à voir l'In-

---

[1] Les copies des interrogatoires de Pau, signées par Pinon, se trouvent aux Archives de Montpellier. Les questions posées à Pau le furent encore à Montpellier. Pour éviter les répétitions, nous ne parlerons pas des premières.

[2] Rabaut le Jeune ; *Annuaire ecclésiastique*, cité par Peyrat. — *Histoire des Pasteurs du Désert*, pag. 250.

tendant. Celui-ci, craignant de laisser paraître trop d'émotion, s'écria: «Que veut-il faire de moi, je ne l'ai que
trop vu ! » Brousson le vit cependant et lui exprima son
désir d'être jugé par lui ; non qu'il se fît aucune illusion
sur l'issue de la procédure, mais « il n'y avait rien au
monde qu'il regardât avec tant d'horreur que de tomber
dans les mains de M. de Basville ». L'Intendant lui exprima tout le regret qu'il avait de ne pouvoir accéder à
sa demande ; et comme Brousson le remerciait de toutes
les bontés qu'il lui avait témoignées et l'assurait qu'il
emploierait à prier Dieu pour lui le peu de jours qu'il
avait encore à vivre, l'Intendant, sentant l'émotion le
gagner, fit emmener le prisonnier, en ordonnant aux
soldats qui devaient le conduire de le traiter avec douceur
et ménagement [1].

A Toulouse, Brousson fut remis à M. de Broglie et conduit jusqu'à Béziers par dix hommes armés que com-
mandaient un capitaine des gardes et un capitoul. Au
passage d'une écluse, au Sommail[2], près Villefranche,
ses gardes étaient endormis, la barque arrêtée ; le captif,
libre de tout lien, aurait pu s'enfuir, mais il avait donné
sa parole. Peut-être aussi son âme désirait-elle le martyre ;
n'écrivait-il pas quelques semaines avant : « Dieu me donne
de ne faire cas de rien, pourvu que j'achève avec joie
ma course et le ministère qu'il lui a plu de me confier [3].»

Les deux compagnies de grenadiers du régiment de
Moranges le conduisirent jusqu'à une lieue de Montpel-

[1] Lettre écrite de Pau le 21 octobre 1698.
[2] *Mémoires* de Mme du Noyer, vol. XII, pag. 74.
[3] Court; *Histoire des Martyrs*.

lier. Dès que Basville apprit son arrivée, il envoya les deux compagnies de grenadiers du régiment d'Auvergne avec un détachement de cinquante hommes. Le prisonnier monta dans une chaise roulante, aux deux côtés de laquelle marchaient le hoqueton de Basville et le capitaine des gardes de M. de Broglie, qui l'accompagnait depuis Toulouse. Plus de quatre mille personnes s'étaient portées à sa rencontre. Les fidèles venaient voir encore une fois leur pasteur bien-aimé, qui marchait au martyre les yeux dirigés vers le Ciel. Il arriva à Montpellier le jeudi 30 octobre. M. de Basville, impatient de contempler sa victime, l'attendait sur l'Esplanade et le fit immédiatement transporter à la Citadelle dans une chaise à porteurs [1].

Le lendemain, il lui fit subir deux interrogatoires [2]. Conservant un reste de confiance dans la justice du roi, et

---

[1] *Relation de la prise et de la mort de M. Claude Brousson, ministre de l'Évangile, roué à Montpellier, le 4 novembre 1698.* — Court ; *Histoire des Martyrs.*

[2] La *Relation de la prise et de la mort de M. Claude Brousson,* après avoir mentionné l'arrivée de Brousson à Montpellier, dit : « De Basville le fit porter à la Citadelle et s'y transporta lui-même sur-le-champ pour interroger lui-même cet illustre prisonnier, sans lui donner un instant pour se reconnaître. Et ces interrogatoires durèrent cinq heures pour la première fois. » Il y a là une erreur : le premier interrogatoire eut lieu le lendemain seulement de l'arrivée de Brousson, c'est-à-dire le 31 octobre. Voici les raisons sur lesquelles nous fondons notre manière de voir : 1o Il n'y a aucune trace de cet interrogatoire au dossier, et toutes les autres pièces s'y trouvent dans un parfait état de conservation ; 2o il n'est pas fait mention de cet interrogatoire dans l'acte de condamnation qui est rendu conformément aux interrogatoires des 31 octobre et 2 novembre qui se trouvent au dossier ; 3o enfin, ce que dit cette *Relation* de l'interrogatoire du 30 octobre se rapporte au premier interrogatoire du 31 octobre.

convaincu que les nombreuses Requêtes qu'il avait adressées à Sa Majesté n'avaient pas été mises sous ses yeux,
Brousson exprima le désir d'être envoyé à Louis XIV
pour lui exposer des faits qu'il ne pouvait confier qu'à Sa
Majesté. Cette demande fut repoussée, et il dut se contenter de présenter tout au long sa défense, et de justifier sa
conduite dans une dernière Requête adressée au roi.

De Basville écrivait à Fléchier : « Brousson sera toujours jugé mardy, Monsieur. Il me donne assez de peine,
non par son habileté, mais par une prolixité épouvanta-
ble dans ses réponses. Il accorde tout ce qui est contre
luy. Il a beaucoup d'esprit, mais violent, présomptueux
et capable de faire beaucoup de désordre [1]. »

Il n'en témoigna pas moins certains égards au prisonnier, qui, gardé par son hoqueton, ne fut jamais en-
chaîné. Basville le traita de «Monsieur» et lui envoya des
viandes de sa table. Cette feinte douceur avait pour but
de toucher le pasteur et d'en obtenir des détails sur les
fidèles qui l'avaient reçu ou qui avaient assisté aux assemblées présidées par lui. Mais chaque fois qu'on posa
à Brousson une question qui aurait pu compromettre un
de ses frères, il répondit : « Qu'il ne sçauroit s'en souvenir, et que d'ailleurs un ministre de l'Évangile ne sçauroit
violer le secret de son ministère et exposer à quelque
danger ses frères qui n'ont fait que prier Dieu, sans blesser son honneur, sa conscience et le devoir de sa charge. »

De Basville, convaincu qu'il n'avait rien à espérer de
ce côté, essaya d'obtenir une abjuration, et le samedi

---

[1] Lettre de de Basville du 1er novembre, citée dans le *Bulletin du
Protestantisme français*, année 1866, pag. 135.

1er novembre, il envoya à Brousson le prêtre Crouzet. Quel succès pour l'Intendant si la foi de l'intrépide apôtre eût fléchi; quelle arme dans ses mains auprès des fidèles qui résistaient encore ! Mais le jeune ecclésiastique, on le comprend, eut à faire à forte partie, et dut reconnaître « que jamais homme n'avait parlé comme celui-là [1] ».

Le dimanche, fidèle au vœu qu'il avait formé depuis bien des années, Brousson refusa de prendre aucune nourriture avant le coucher du soleil, ce qui fit croire d'abord à un acte de désespoir. Il passa sa journée en prières et en méditations. Après avoir subi deux nouveaux interrogatoires[2], il acheva d'écrire la Requête au roi qu'il avait commencée l'avant-veille. « Il ne faut pas douter, dit l'auteur de la *Relation de la prise et de la mort de Claude Brousson*, il ne faut pas douter qu'elle ne fût une très-belle pièce, étant faite de main de maître; n'est-ce pas bien dommage qu'on ne puisse pas la voir? »

Le vœu de cet auteur a été réalisé. M. Corbière a le premier fait paraître cette pièce importante qui est jointe au dossier[3]; nous la reproduisons après lui. Nous y joignons la lettre où Brousson supplie l'Intendant de faire parvenir sa Requête au roi ; elle resta cependant à Montpellier, sur les ordres du procureur du roi Remisse.

Sa dernière heure approchait ; Brousson voulut dire un dernier adieu à ceux que sa mort allait plonger dans la douleur et laisser sans appui; il pensa à sa femme, à son fils, agités lors de la dernière séparation de tristes et trop

---

[1] *Relation de la prise*, etc. — Court; *Histoire des Martyrs*.

[2] Les interrogatoires se trouvent aux Archives de Montpellier, c. 191.

[3] Archives de Montpellier, c. 191. Voir Preuve XII.

justes pressentiments, et demanda l'autorisation de leur écrire. Cette autorisation lui fut refusée. Il n'avait qu'à dire au hoqueton ce qu'il voulait leur écrire, on leur en ferait part. « Dans le moment, il dit les plus belles choses du monde touchant sa pauvre famille, priant Dieu de faire la grâce à son fils de suivre son exemple et de mourir pour le Saint-Évangile [1]. »

Le mardi, 4 novembre, les juges se rendirent à la Citadelle à sept heures du matin. Avant de prononcer la sentence, on adressa encore quelques questions sur le nom, l'âge, les différentes occupations auxquelles Brousson avait consacré sa vie. Les juges étaient touchés de sa fermeté et de sa douceur.

« Considérez, Messieurs, dit-il, dans quelle perplexité d'esprit je me suis exposé depuis plusieurs années. Je savois qu'on me cherchoit partout. Je me suis exposé à toute sorte de calamité, étant dans l'obligation d'habiter les déserts des Cévennes où j'étois privé la plupart du tems du nécessaire. Croyez-vous de bonne foy, Messieurs, que si je n'avais agi par un bon principe, je me fusse exposé à tant de malheurs. C'est le bon Dieu qui m'a comblé de ses grâces et qui m'a donné le courage de prêcher son Évangile partout où je suis passé. Je n'ai jamais prêché la sédition ni la révolte contre mon Prince. Si quelqu'un venoit armé dans mes assemblées, je lui reprochois sa méfiance de la toute Puissance de Dieu ; ce que je vous dis, Messieurs, n'est pas pour implorer votre Clémence, je sçai que ce seroit en vain et que vous avez résolu ma perte, mais je suis bien aise de me justifier de ce dont vous m'accusez et de faire voir mon innocence [2]. »

---

[1] *Relation de la prise,* etc.

[2] Relation venue de Montpellier, datée du mois de novembre 1698. — *Relation de la prise,* etc. — Lettre d'Antoine Privat, de Nîmes, à Claude Brousson.

Le procès portait sur trois chefs d'accusation. On re-prochait à Brousson : 1° d'avoir tenu des assemblées con-tre les ordres du roi ; 2° d'avoir pris part au projet de Toulouse de 1683 ; 3° enfin d'avoir adressé à Schom-berg une lettre qui lui indiquait la voie la plus sûre pour entrer dans le royaume.

Brousson rejette toute idée de culpabilité quant aux premiers chefs d'accusation : le roi a bien fait paraître les Édits interdisant l'exercice du culte réformé (il l'a fait, en tout cas, sans entendre les Requêtes de ses sujets de la R. P. R., ce qui était une violation de l'Édit de Nantes) ; mais « le prévenu a toujours été persuadé que c'est le devoir d'un ministre de l'Évangile de travailler au salut de ses frères, en conservant le respect qui est dû aux Puissances supérieures ; il a pratiqué ce que dit le Sei-gneur dans l'Évangile : qu'il faut rendre à César ce qui appartient à César, et à Dieu ce qui appartient à Dieu, ce qui est un principe receu de tous les crestiens[1] », et un devoir auquel il n'a pu se soustraire. Chaque fois qu'il est retourné à l'étranger, sa conscience l'a forcé à se rendre de nouveau auprès de ses frères persécutés ; il n'a donc pas commis une faute, mais accompli un devoir dicté par son souverain Maître.

Il a pris part à l'assemblée de Toulouse, où l'on décida de reprendre l'exercice de la R. P. R., partout où elle était défendue, et a ainsi, dit-on, causé des troubles. Mais une amnistie enregistrée au Parlement de Toulouse a terminé tout ce qui concerne les suites des décisions prises dans cette ville ; d'ailleurs l'intention était pure :

[1] Premier interrogatoire du 31 octobre 1698. Archives de Montpellier, c. 191.

« Brousson n'a jamais conseillé ni approuvé les soulèvemens, et, sans se départir de l'exception de l'amnistie enregistrée au Parlement de Toulouse, il représente pour l'édification publique, que pendant qu'il étoit advocat au Parlement de Toulouse, où il estoit chargé de la deffence d'un grand nombre d'Églises réformées et continuellement consulté par les députez des dites Églises, considérant que selon les principes de ceux de la dite Religion et la connoissance qu'il pouvoit avoir de leurs sentimens, il n'étoit pas possible d'arracher la dite Religion de leur cœur, et que cependant ceux qui surprenoient l'équité de Sa Majesté lui faisoient entendre qu'on pourroit facilement les porter à renoncer à la dite R. P. R., et engager par là insensiblement l'authorité de Sa Majesté à faire une grande bresche à son roiaume ; il représentoit à ceux qui le consultoient là-dessus qu'il croioit qu'il étoit nécessaire pour leur repos et pour le bien de l'État qu'ils fissent connoistre l'attachement qu'ils avoient pour leur Religion, en demeurant pourtant toujours dans les termes du respect et de la fidélité qu'ils devoient à leur Prince et en souffrant patiemment et comme des aigneaux. Qu'il ne doutoit point que d'abord le Roy, qui est un grand prince, ne fit éclater son indignation contre ceux qui résisteroient à ses volontés, mais qu'il étoit persuadé que dix ou vingt personnes n'auroient pas plutôt souffert la mort pour sceller de leur sang la vérité qu'ils professoient, que Sa Majesté ne voudroit pas pousser les choses à bout et désoler son roiaume, au lieu que s'ils prenoient le parti de dissimuler leurs sentimens, l'authorité de Sa Majesté s'engageroit de plus en plus à détruire la R. P. R. dans ses États, et qu'ensuite les consciences venant à se réveiller, tout seroit dans la dispersion ou la désolation[1]. »

Mais c'est principalement sur le troisième chef d'accusation que portèrent les interrogatoires[2].

---

[1] Interrogatoire du 31 octobre 1698. Archives de Montpellier, c. 191.

[2] Tous les biographes protestants contemporains de Brousson se refusent à l'admettre et affirment, ce qui n'était que trop plausible à cette

Brousson se retrancha derrière la paix de Ryswick, et refusa de déclarer si le billet qu'on lui présentait était oui ou non de son écriture.

époque, que l'Intendant a fait écrire cette pièce et s'en est ensuite servi contre son prisonnier. Les écrivains catholiques, au contraire, traitent Brousson de fanatique séditieux, et l'apostat Brueys fait à ce sujet le récit suivant, entièrement faux, tant au point de vue des dates que des circonstances : « Le 4 novembre 1698, M. de Basville se rendit à la Citadelle avec les officiers du Présidial. Brousson fut mis sur la scellette ; il ignoroit encore que ses juges fussent informés du projet qu'il avoit fait d'introduire les ennemis dans le Royaume. Il avoit bien sçu qu'Henry son valet, qui en étoit le porteur, avoit été pris et puni, parce que cela étoit public ; mais il croyoit que l'original de ce projet, écrit de sa main, n'avoit point été trouvé, parce que M. de Basville, à qui on l'avoit remis, avoit gardé sur cela, pendant dix-huit mois, un profond secret. Ce qui confirmoit encore Brousson dans cette croyance, c'est qu'on l'avoit traité jusqu'alors avec beaucoup de douceur et qu'on ne l'avoit pas même lié en le conduisant à Montpellier ; ainsi, il parut d'abord devant les juges avec la confiance d'un homme qui croit seulement qu'on le peut convaincre d'avoir prêché et fait des assemblées de religion, de quoi il se préparoit à faire gloire ; et tous les religionnaires de la province, qui croyoient de lui la même chose, le regardoient comme un saint qui alloit mourir pour leur religion, et lui préparoient déjà la palme du martyre.

» Cependant, son procès étoit déjà instruit sur tous les chefs et l'on n'avoit que trop de preuves. M. de Basville vouloit seulement dans cette dernière séance confondre sa vanité et détromper les religionnaires de la bonne opinion qu'ils avoient de lui. C'est pourquoi il permit qu'on laissât écouter, à ceux que la curiosité avoit attirez à la Citadelle, ce qui se disoit dans la chambre du Conseil, afin que ce faux apôtre fût publiquement démasqué. Lorsque tout le monde eut pris place, on lui permit de parler et on l'écouta sans l'interrompre. Dans un discours d'un quart d'heure, qu'il prononça avec beaucoup de fermeté, il dit qu'il étoit ministre de l'Évangile ; il avoua qu'il en avoit exercé les fonctions en France ; et enfin il s'attacha principalement à faire valoir sa réputation d'homme d'honneur et d'homme de bien, qu'il s'étoit acquise dans ce royaume et dans les pays étrangers.

» Quand il eut cessé de parler, M. de Basville prit la parole et lui dit que puisqu'il se vantoit d'être ministre, on lui demandoit quel motif il

Le 19 octobre à Pau, il répondit :

«Que s'agissant d'une dépendance de la guerre terminée par la paix de Ryswick qui termine la dite guerre avec ses circonstances et dépendances, etporte une abolition générale et réciproque pour tous ceux qui ont servi le party ou les armes des Princes intéressés dans la dite guerre, laquelle abolition se trouve encore confirmée par la déclaration du Roy du mois de juin dernier, enregistrée au Parlement de Paris, à celuy de Toulouse et aux autres Parlemens de France, quand même dans le trouble où lui, répondant,

avoit eu dans la conduite qu'il avoit tenue dans les Cévennes et ailleurs. Il répondit que c'étoit uniquement de défendre la vérité et de suivre l'exemple des Apôtres. M. de Basville répliqua en lui demandant si les Apôtres prêchoient la révolte contre les Puissances que Dieu a établies et faisoient des projets contre elles. Il répondit que non, et qu'aussi il n'avoit jamais rien fait de semblable. Sur cette réponse, M. de Basville fit paroître l'original du projet , et, en le lui mettant sous les yeux, il lui demanda s'il connaissoit cette écriture, et si les Apôtres faisoient de pareilles choses. A la vue de cette pièce, Brousson, qui jusque-là avoit été ferme, pâlit et se déconcerta ; et, après quelques moments de surprise, il prit le parti de nier son écriture et de dire en tremblant qu'il n'avoit point fait ce projet. M. de Basville, qui remarqua le trouble où il étoit, se contenta de lui dire qu'au moins alors il n'imitoit point les Apôtres qui ne mentoient point et qu'on avoit en main de quoi le convaincre qu'il ne disoit pas la vérité, quoique, la main levée à Dieu, il eût juré de la dire.

» On lui fit aussitôt reconnoître les écrits qui avoient été trouvez sur lui pour servir de pièces de comparaison et on nomma des experts : mais comme la chose étoit trop visible, aux premières procédures il reconnut son écriture et avoua tout.

» Cependant ce qui s'étoit passé sur cela dans la Citadelle fut rendu public le jour même. Tous les religionnaires furent détrompez et apprirent avec étonnement que leur prétendu martyr, pour tâcher de garantir sa vie, avoit eu la confusion d'avoir ajouté inutilement le parjure au plus grand de tous ses crimes. Enfin, il fut convaincu d'avoir été le principal auteur des délibérations de 1683, qui avoient excité tant de troubles.—Brueys ; *Hist. du fanatisme*, pag. 275 et suiv.

s'est trouvé réduit, étant continuellement poursuivi à main armée quoy que tout le monde fut témoin de sa modération, lui, répondant, ne pouvoit habiter ny dans les villes ny dans les villages, estant continuellement poursuivy jusque dans les bois et dans les cavernes, en sorte qu'il s'est trouvé les trois mois entiers sans pouvoir entrer dans aucune maison ny nuit ny jour ; et quand, dans cette extrémité et dans ce trouble, il auroit eu le malheur dans quelque moment de prêter l'oreille aux offres qui étoient alors faites aux Protestants des Cévennes par deffunct M. de Schomberg, général des troupes du Roy de la Grande-Bretagne ou par ses autres officiers, de leur envoyer quelque secours pour leur procurer du soulagement, il seroit dispensé de répondre sur ce sujet là par la paix de Ryswick et par la susdite déclaration de Sa Majesté.

» Que néantmoins, sans se départir de la dite exception qui est péremptoire, luy, répondant, ajoute non-seulement que le déplorable état où il étoit alors réduit le rendoit digne de la clémence d'un Prince magnanime et généreux comme Sa Majesté ; que d'ailleurs luy, répondant, auroit imité la conduite de ceux dont le triste état les ayant engagés dans le party des alliés, s'en étoient ensuite retirés selon les semonces qui leur en étoient faites de la part de la Cour ; qu'en effet, il est notoire dans la province de Languedoc qu'il a toujours été animé d'un esprit de paix et de modération, qu'il a toujours blâmé la conduite du sieur Vivens, qui avoit des intelligences avec le roi d'Angleterre par le moyen de ses officiers et autres personnes interposées ; qu'il a toujours empêché, autant qu'il lui a esté possible, qu'il ne se commit aucune violence dans le Pays, et qu'afin qu'il parut bien à tout le monde qu'il estoit ennemy des violences, il a marché durant plusieurs années dans la dite province de Languedoc sans aucune arme, quoy qu'il fût continuellement dans des dangers extrêmes d'être tué ; qu'il empêchoit aussi qu'on ne portât aucune arme dans ses assemblées, en sorte que tout le peuple catholique romain et des personnes même de la première qualité luy ont rendu un témoignage publicq qu'il étoit entièrement opposé à toute sorte de violence et au dessein de troubler l'État, se réservant d'ajouter par une Requête plusieurs autres choses importantes pour sa justification sur ce sujet, et que pour les raisons cy-dessus exprimées il ne croit pas être obligé de déclarer, et puis a dit de faire une réponse plus particulière au sujet du susdit écrit, qu'il n'a voulu parafer ny reconnoître[1].»

La même demande lui ayant été renouvelée à Montpellier, le 31 octobre, il y fit la même réponse. Ce ne fut donc pas le 4 novembre, comme l'affirme Brueys, que la pièce fut, pour la première fois, montrée à Brousson, et nous savons ce qu'il faut penser de son embarras et de ses dénégations.

Dans un moment de faiblesse, Brousson avait cédé aux sollicitations de Vivens, il était trop droit pour ne pas reconnaître sa faute. Les réponses qu'il avait faites à Pau et à Montpellier étaient déjà un aveu : dans sa Requête au Roi, il reconnaît humblement son erreur, s'en humilie et demande pardon à Sa Majesté.

«Il la supplie très-humblement de vouloir considérer que la faute qu'il peut avoir commise dans un état aussi triste et aussi déplorable que celui où il se trouvait et dont il a demandé et demande encore très-humblement pardon à Sa Majesté est sans doute digne de la Clémence et de la Pitié d'un grand Prince qui sait que ce qui est fait dans un état d'agitation et de trouble pareil à celui où le suppliant se trouvait alors est considéré comme involontaire et forcé, et digne par conséquent de pardon[2]. »

Mais Brousson proteste contre une procédure injuste, puisqu'on le poursuit pour des faits antérieurs au traité de Ryswick, faits dont les suites ont été annulées par cette

[1] Interrogatoire du 19 octobre, Pau.
[2] Requête du 2 novembre.

paix. Il demande au roi « de vouloir le faire jouir de l'abolition générale et réciproque portée par la dite paix, comme ceux qui pouvoient avoir pris quelque engagement dans le parti de Sa Majesté en jouissent ailleurs ».

La faute existe ; mais combien n'est-elle pas atténuée si nous nous reportons aux circonstances dans lesquelles elle fut commise. A cette époque de notre histoire nationale, il s'agissait moins encore de la patrie que du Roy, infidèle lui-même à ses engagements vis-à-vis de ses sujets Réformés. En écrivant à M. de Schomberg, Brousson voyait sans doute en lui, moins le chef d'armée d'un souverain étranger qu'un frère en la foi, un compatriote illustre, frappé avec tous les Réformés de France dans ce que l'homme doit avoir de plus sacré au monde : la liberté de sa conscience et de sa foi.

D'ailleurs l'égarement fut passager ; lorsque plus tard M. de Schomberg, fils du précédent, entra avec ses troupes dans le Dauphiné, Brousson ne songea pas à profiter de sa présence pour susciter des troubles dans les Cévennes : le fatal projet formé par Vivens périt avec lui.

Le 4 novembre, les juges déclarèrent Brousson coupable et le condamnèrent à être rompu vif après avoir subi la question ordinaire et extraordinaire[1]. De Basville demanda aux juges de lui accorder le *Retentum*. On décida donc que Brousson serait étranglé avant d'être roué et qu'on le mettrait seulement à la question. « Brousson, Monsieur, a esté jugé ce matin, condamné tout d'une voix

---

[1] Le jugement qui manque au dossier a été retrouvé à Générargues et reproduit par M. Corbière. Les conclusions du procureur du roi, du 3 novembre, se trouvent seules au dossier. — Voir Preuves XIV et XVI.

à être rompu vif. J'ai fait adjouter à l'arrest qu'il seroit étranglé, afin de finir promptement le spectacle[1]. »

Ce n'est donc pas un sentiment d'humanité qui porta l'Intendant à adoucir la peine : il savait bien que malgré les tortures le prisonnier ne trahirait jamais ses frères, et redoutait le témoignage qu'au milieu des supplices Brousson pourrait rendre à sa foi.

Pinon ne connaissait pas son prisonnier quand il écrivait de lui à Basville : « La contenance qu'il a tenue les derniers jours qu'il a esté ici me donne quelque lieu d'espérer qu'il pourra estre ébranlé à la question. Il dit à un garde qui estoit auprès de luy qu'il ne se soucioit pas de mourir pourvu qu'on ne le fit pas soufrir auparavant, et il pleuroit fort souvent ; quand un homme craint les tourmens, c'est une marque qu'il se sent faible[2]. »

Le 4 novembre, à deux heures de l'après-midi, Hiérosme Loys, conseiller du roi, et Jausserand, conseiller au présidial, signifièrent à Brousson l'arrêt rendu le matin par l'Intendant, qui le condamnait à être rompu vif après avoir été appliqué à la question ordinaire et extraordinaire. Ses biens étaient acquis au roi[3].

---

[1] Lettre de de Basville à Fléchier du 4 novembre, citée par *Bulletin du Protestantisme*, 1866, pag. 135.

[2] Lettre de Pinon à de Basville du 26 octobre. Archives de Montpellier, c. 191. — Voir Preuve XI.

[3] Nous avons trouvé aux Archives de Montpellier, c. 314, la pièce suivante qui nous fait connaître ce que Brousson possédait à Nîmes : Un mas à Valdeban, contenant en couvert 45 cannes ; en cour 25 cannes aure, si samnée 10 esmines terre, et deux samnées une esmine dix dextres vigne ; le tout joignant du levant le chemin de Générac couchant le s^r de Casteluau, vendroit le chemin de Canau et du midi les Lépreux.
Presage 31 livres 15 sols 10 deniers.
Estimée 6358 livres 6 sols 4 deniers.

Brousson écouta avec résignation, se mit à genoux et demanda à Dieu de le soutenir jusqu'à la fin.

Dépouillé de ses vêtements, il fut ensuite étendu sur le banc de gêne et mis à la question ; on lui fit alors subir un nouvel interrogatoire. « Messieurs, vous n'avez qu'à faire tout ce qu'il vous plaira, répondit-il ; quand vous fracasseriez tous mes os, vous ne m'en feriez pas dire davantage », et, les yeux levés au Ciel, il s'écriait : « Seigneur aye pitié de ta pauvre créature, ne m'abandonne pas dans l'état pitoyable où tu me vois, et donne-moi toujours la force et le courage de pouvoir supporter les maux qu'on me va faire soufrir pour la gloire de ton saint nom[1]. » Voyant que les tortures[2] ne pourraient le faire parler, on l'ôta de dessus le banc et on lui accorda la grâce de reprendre ses habits pour aller au supplice.

Il donna sa montre au capitaine des gardes de M. de Broglie et son manteau au hoqueton, qui lui avait toujours témoigné beaucoup de bonté et qui en ce moment pleurait à chaudes larmes ; il remit à une autre personne qui se trouvait là, sa bourse, la priant d'en distribuer le contenu aux pauvres[3].

Une samnée deux esmines et demy terre audit Valdeban du levant le chemin de Générac, couchant s^r Jean Galafres, vendroit soy même, midy s^r Antoine Goubin.

Presage 12 sols 11 deniers.

Estimée 129 livres 2 sols 8 deniers.

Somme suivant ladite estimation, à la somme de 6487 livres 9 sols.

[1] Relation venue de Montpellier du mois de novembre 1698. — Court ; *Histoire des Martyrs.*

[2] On a cru à tort, jusqu'à aujourd'hui, que Brousson n'avait été que présenté à la torture. Voir Preuve XIII.

[3] Lettre écrite à M. Daniel Brousson, à Amsterdam, par sa belle-sœur, Mlle la veuve de Jean Freboul de Montpellier, le 5 novembre 1698.

L'échafaud était dressé sur l'Esplanade, à deux cent soixante pas environ de la Citadelle. Les deux bataillons d'Auvergne formaient trois cercles autour de l'échafaud, afin d'empêcher la foule d'approcher. Une double haie de soldats allait de la porte de la Citadelle au lieu du supplice. Plus de dix mille personnes s'étaient rendues pour assister aux derniers moments de ce fidèle confesseur de la foi. Les soldats s'efforcèrent en vain de repousser cette foule.

Brousson sortit de la Citadelle précédé de cinquante mousquetaires ; en arrivant sur la porte, il voulut chanter le Psaume XXXIV, qui commence par cette strophe :

> Jamais ne cesserai
> De magnifier le Seigneur,
> En ma bouche aurai son honneur
> Tant que vivant serai ;
> Mon cœur plaisir n'aura
> Qu'à voir son Dieu glorifié,
> Dont maint bon cœur humilié
> L'oyant s'esjouira.

Le hoqueton qui marchait à son côté le pria, de la part de l'Intendant, de ne pas chanter, de crainte d'un soulèvement : « Hélas, Monsieur, répondit-il, il n'y en a pas moindre aparence ; je discontinuerai pourtant et prierai Dieu. » Au même instant, vingt tambours commencèrent à battre et ne s'arrêtèrent que quand tout fut fini. « Je ne sçauroi vous représenter avec quelle fermeté il marchoit ; il sembloit qu'il alloit à un festin. Ses yeux furent toujours tournés vers le Ciel ; de sorte qu'on croit qu'il ne vit et ne remarqua personne sur son chemin ; tout le monde fondoit en larmes voyant passer cet illustre martyr qui alloit sceller de son sang la vérité qu'il avoit prêchée [1]. »

Arrivé au bas de l'échafaud, il se mit à genoux et pria. Il monta ensuite, sans secours, la fatale échelle. On lui lut le *retentum* par lequel il ne devait être rompu qu'après avoir été étranglé ; il se livra alors au bourreau, lui présentant ses bras et ses jambes. Celui-ci descendit sous l'échafaud pour l'étrangler, mais la corde rompit. L'abbé Crouzet, s'approchant, représenta au patient que Dieu avait permis cet accident pour lui laisser embrasser la religion romaine. Brousson « le remercia de ses soins, disant qu'il ne doutoit point qu'il n'agît par un bon principe ; il ne pouvait pas lui savoir mauvais gré de ses sollicitations et ajouta qu'il espéroit que Dieu le récompenseroit de sa charité et qu'il le verroit un jour en Paradis avec lui ». Quelques minutes s'écoulèrent ; le bourreau avait rattaché la victime, et Brousson reçut la couronne du martyre. Son corps fut enterré dans la Citadelle.

Ainsi finit cet humble ministre, dont toute la vie peut se résumer dans ces paroles du Psalmiste : « Le zèle de ta maison m'a dévoré ». Les catholiques eux-mêmes admiraient sa fermeté, sa douceur, sa piété ; l'abbé Crouzet affirma qu'il était mort en véritable chrétien, et le bourreau, achetant une tasse d'argent chez un orfévre, confessa « que de plus de deux cents condamnés qu'il avoit exécutés, jamais pas un ne l'avoit fait trembler comme M. Brousson ; que les commissaires et les juges qui furent présents à l'apareil de la question étoient plus

[1] Relation venue de Montpellier du mois de novembre 1698. — Court ; *Histoire des Martyrs.*

tremblans et plus pâles que le condamné ; que jamais il n'avoit fait mourir un si honnête homme, et qu'il se seroit caché s'il l'avoit pu pour fuir l'exécution ; que certainement il étoit mort comme un saint. »

Les fidèles célébrèrent le martyre de leur pasteur dans les strophes suivantes :

> Aller où l'on voyoit les supplices ouverts,
> Pour ceux qui font refus d'adherrer à l'idole ;
> Y prêcher Jésus-Christ et sa Sainte Parole,
> Pour tirer les mortels du chemin des Enfers ;
>
> Y consoler Sion, qui gémit dans les fers,
> Et, malgré l'ennemi, qui l'Église désole,
> Y dresser au Sauveur une céleste École
> Dont la voix retentit jusques dans les déserts ;
>
> Arborer dans le camp où Satan a son règne,
> De ce divin Sauveur la glorieuse enseigne,
> Y vaincre, y triompher d'une auguste façon ;
>
> Aller d'un air riant affronter le supplice,
> Le souffrir pour Celui qui fut notre Justice,
> C'est la vie et la mort de l'illustre Brousson.

> Enfin Brousson est mort, et de sa courte vie
> Il a fait un échange avec l'Éternité !
> Son âme, de tous maux pleinement affranchie,
> Repose au vrai séjour de la félicité !
>
> . . . .
>
> Il est mort pour la vérité ;
> Que son sort est digne d'envie
> Et digne d'être récité !

> Pasteurs, dont il fut le confrère,
> Que d'honneur pour le caractère
> Dont le Ciel vous a revêtus !
>
> Pour éterniser sa mémoire,
> Aspirez à la même gloire,
> Et pour la mériter imitez ses vertus [1].

Tel fut le témoignage que lui rendit l'Église pour laquelle il avait tout sacrifié ; sa mort fut un deuil général ; mais on peut appliquer à Brousson cette parole qu'il aimait à répéter : La mort des martyrs est la semence de l'Église.

---

[1] Court ; *Histoire des Martyrs*.

APPENDICE.

———

La vie de famille de Brousson est peu connue, et nous avons dû la laisser dans l'ombre, faute de détails précis. Mais on peut dire avec certitude que son foyer domestique fut celui d'un chrétien fidèle à son Dieu jusqu'à la mort. « Les entretiens célestes, dit Quick, étaient plus nécessaires à son âme que la nourriture à son corps ; jamais une parole vaine et oiseuse ne sortait de sa bouche. C'était un ange dans un corps d'homme ; il ne pouvait se contenter d'aller seul au Ciel, il voulait y amener avec lui ses amis, ses compatriotes, et jusqu'aux étrangers. »

« Depuis son enfance, dit un autre biographe, il a toujours fait paroître une grande piété et un grand zèle pour sa religion ; dans son domestique, il avoit ses heures réglées pour la prière et pour la lecture de quelques chapitres de l'Écriture sainte ; sa dévotion n'étoit point affectée, il étoit agréable et enjoué dans la conversation, mais d'un enjouement qui ne sortoit jamais des bornes de la modestie [2]. »

Brousson se maria deux fois. Sa première femme, Marie

———

[1] *La vie et la mort de Claude Brousson, exécuté pour la foi de l'Évangile, le 4 novembre* 1698. Communiqué par MM. Brousson, de Hollande.

de Combelles, était de Béziers[1] ; elle lui donna deux fils : l'ainé, Barthélemy, dont nous donnons plus loin la descendance, que MM. Brousson ont bien voulu nous communiquer, se réfugia en Hollande avec ses parents ; le cadet, nommé Claude, mourut en bas âge à Nimes le 14 juillet 1684[2].

La seconde femme de Brousson se nommait Marthe Dollier ; elle était de Castres et n'eut pas d'enfants.

M. Sagnier a trouvé dans l'état civil de Nimes les renseignements suivants sur la famille de Brousson. Il a bien voulu nous les communiquer.

1° *Noble François de* PARADÈS, docteur et avocat, épousa *Marguerite de* SARRAN. Ils eurent 4 enfants :

1° Jeanne ;

2° Dauphine, née le 18 janvier 1617 ;

3° Marie, née le 12 avril 1619.

4° Jean, pasteur de Codognan, épousa à Nimes, en juin 1673, Magdeleine de Mellet de Montmirat, fille de feu noble Phillippe de Mellet de Montmirat, quand vivait gentilhomme ordinaire de la Chambre du roy.

Jean BROUSSON, marchant bourgeois de Nimes, épousa, le 16

---

[1] M. Sagnier, de Nimes, a bien voulu nous communiquer la pièce suivante, trouvée dans la *Semaine* de M. Icard :

III. — Entre Monsieur Mre Claude Brousson, docteur et advocat au parlement de Tholoze et chambre de ledit du Languedoc, séants à Castelnaudary, d'une part, et dam^elle Marie de Combelles de la ville de Béziers d'autre....

(Du dimanche deux^me janvier 1678 ; *Semaine* de M. Icard.)

[2] D'après la généalogie obligeamment compulsée par M. Sagnier dans l'État civil de Nimes. A la première sortie de France de Brousson (1683), cet enfant fut probablement laissé aux soins de sa grand'mère paternelle.

février 1643, *Jeanne,* fille aînée de François de Paradès; ils eurent 9 enfants ;

1° Henri, né le 31 juillet 1645, mort le 29 octobre 1651;

2° Claude, né en 1647;

3° Daniel, né le 7 décembre 1648;

4° François, mort le 6 juillet 1657 ;

5° Magdeleine, née le 2 mars 1651;

6° et 7° Charles et Judith (jumeaux), nés le 27 janvier 1653;
Charles mourut le 19 juin 1663, Judith le 6 février 1653;

8° Anthoine, né le 7 septembre 1655, mort le 8 avril 1656.

9° Jeanne, née le 19 mai 1657, morte le 6 janvier 1660.

Claude Brousson, deuxième fils de Jean Brousson, né en 1647, mort le 4 novembre 1698, épousa à Nimes, en janvier 1678, Marie de Combelles, de la ville de Béziers ; il épousa en secondes noces Marthe Dollier, de Castres ; il eut du premier mariage deux fils :

1° *Barthélemy*, réfugié en Hollande, dont on verra la descendance dans le tableau suivant;

2° Claude, mort à Nimes le 14 juillet 1684.

SOURCES ET OUVRAGES CONSULTÉS

Les sources auxquelles nous avons puisé sont :

1° *Le dossier de Brousson déposé aux Archives de l'Intendance du Languedoc (c. 191) à Montpellier. Il se compose des pièces suivantes* :

Premier interrogatoire : 19 septembre 1698, Lescar.
Second interrogatoire : 4 octobre, château de Pau.
Troisième interrogatoire : 19 octobre, château de Pau.
Interrogatoire du dernier octobre : Montpellier.
Interrogatoire du 31 octobre : Montpellier.
Interrogatoire du 2 novembre : Montpellier.
Interrogatoire du 2 novembre : Montpellier.
Procès-verbal de mise à la question, 4 novembre.
Conclusions contre Brousson, de Remisse, procureur du roi.
Mise à prix de la tête de Brousson, du 26 juin 1693.
Procès-verbal de l'arrestation.
Lettre de Pinon à de Basville, du 20 octobre 1698.
Lettre de Pinon à de Basville, du 26 octobre.
Lettre de Pinon à de Basville, du 28 décembre.
État des pièces envoyées par Monsieur de Basville à Monsieur Pinon.
Mémoire de ce qu'il faut demander à Brousson.
État des pièces envoyées par Monsieur Pinon à Monsieur de Basville. Pau, 20 octobre 1698.
Inventaire des pièces trouvées dans le portemanteau de Brousson.

Pièce concernant l'expertise relative à la lettre écrite par Brousson à Monsieur de Schomberg.

Passeport délivré à Paul de Beauclose, 12 août 1697, signé Fagel.

Requête au Roi du 1er janvier 1692.

Requête au Roi du 13 avril 1698.

Requête au Roi du 20 avril 1698.

Requête au Roi du 15 mars 1698.

Requête au Roi du 2 novembre 1698.

Lettre de Brousson à de Basville, du 2 novembre.

Lettre de Brousson à Pourtal, du 7 avril 1696. Cette lettre est paraphée Henrri Pourtal et porte, écrite de la main de Brousson, l'adresse : à Monsieur Henri Pont.

Lettre de Henri Pourtal à Brousson.

Lettre de Brousson à de Basville, 1er octobre 1689.

Lettre de Brousson à de Basville, 23 décembre 1691.

Lettre à Monseigneur le duc de Boufflers, Maréchal de France, juin 1698.

Résultat des Mémoires escrites de la main de Brousson, ministre, de tout ce qu'il a fait, veu et cognu en Vivares et en Dauphiné depuis le commencement de novembre 1697.

Lettre de *⁣*⁣*, serviteur de Dieu et de notre Seigneur Jésus-Christ, et par sa grâce fidèle ministre de sa Parole, à tous les Élus de Dieu sur la nécessité qu'il y a de sortir de la communion de l'impure Babylone et des pays où elle exerce sa tyranie.

Au désert, 20 avril MDCXCIV.   (Imprimé.)

Lettre d'un serviteur de Dieu à l'Église de Dieu qui est sous la croix, sur le pouvoir d'administrer les sacremens.

Lettre d'un Théologien protestant, sur la question s'il y a du péché à satisfaire la conscience des pères et des mères fidèles dont les enfans ont été baptisez par force dans l'Église Romaine et qui souhoitent que ces mêmes enfants soient consacrez à Dieu par le pur et vrai baptême de la nouvelle alliance.

Lettre pastorale à l'Église de Dieu qui est sous la croix : I sur les mutuelles Assemblées : II sur l'établissement des Anciens.

Instruction chrétienne contenant les purs et solides principes du salut (Huit cahiers).

Avis aux Protestants de France[1].

Lettres pastorales sur le Cantique des Cantiques. Lettres I, II, III, VI, VII, VIII, X, XI.   (Imprimé.)

Réponse aux objections que l'on fait contre le Rétablissement de l'Édit de Nantes.   (Imprimé.)

Lettre pastorale au sujet de la lettre d'un évêque catholique Romain adressée à ceux qu'il appelle nouveaux catholiques. 21 mai 1698.   (Imprimé.)

Lettre pastorale à l'Église de Dieu qui est sous la croix, sur les Enfans qui sont baptisez dans l'Église Romaine ou instruits dans ses écoles, et sur les mariages qui sont célébrez par le ministère d'un prêtre catholique romain, avec des instructions sur ces matières.

La nécessité des saintes assemblées. Epitre à l'Église de Dieu qui est à *", aux Sanctifiez qui sont en Jésus-Christ notre Seigneur.

Au Désert, le 28 août 1692.

On trouve en outre dans le dossier environ vingt-cinq sermons ou plans de sermons.

2° Les manuscrits ci-dessous désignés, qui font partie de la collection d'Antoine COURT, *Bibliothèque de Genève.*

Lettre de Brousson, du 16 février 1697.

Lettre de Brousson, du 1er avril 1697.

Lettre de Brousson, 25 février 1694.

Lettre de Brousson, 22 juillet 1693.

Relation de la prise et de la mort de M. Claude Brousson, ministre du Saint Évangile, roué à Montpellier, le 4 novembre 1698.

Mémoires sur le projet fait par l'assemblée de Toulouse en 1683.

---

[1] C'est le brouillon, écrit de la main de Brousson, de la pièce dont il est parlé dans le *Bulletin du Protestantisme*, 1859, pag. 265, et 1875, pag. 344, et dont on ignorait l'auteur. Cette pièce étant sans date, nous n'en avons pas parlé dans notre travail.

Relation du voyage que firent MM. de Laporte et Brousson au commencement de la dispersion des Églises de France, en 1685 et 1686.

Lettre de Brousson, du 6 mars 1688.

Lettre de Brousson, du 13 avril 1688.

Biographie de Brousson, Histoire des Martyrs, Ant. Court.

Très humbles Remontrances à toutes les Puissances protestantes Réformées et Évangéliques sur le rétablissement des Églises Protestantes de France.

Journal de ce qui s'est passé entre quelques réfugiés pour parvenir au rétablissement des Églises Réformées de France, depuis l'an 1693.

3° *État des Réformés en France et apologie du projet des Réformés de France*, 3 vol. La Haye, 1685.

4° *La Manne mystique du désert*, ou sermons prononcez en France dans les déserts et dans les cavernes durant les ténèbres de la nuit et de l'affliction, les années 1689, 1690, 1691, 1692, 1693 ; par Claude Brousson, autrefois avocat au Parlement de Toulouse, et maintenant, par la grâce du Seigneur, ministre du Saint Évangile, 3 vol. Amsterdam, 1695.

5° *Relation sommaire des Merveilles que Dieu fait en France, dans les Cévennes et dans le bas Languedoc, pour l'instruction et la consolation de son Église désolée*, où il est parlé de ceux que Dieu y a extraordinairement suscitez en ce dernier tems pour y prêcher l'Évangile, et du Martyre qu'un grand nombre de ces fidèles serviteurs de Dieu y ont déjà soufert. 1694.

6° *Remarques sur la Traduction du Nouveau Testament faite par l'ordre du clergé de France et par le ministère de Denys Amelote, prêtre de l'Oratoire.* Adressées au Roi de France par *Claude Brousson*, ministre de l'Évangile. Delft, 1697.

7° *Histoire de feu Claude Brousson, ministre du Saint Évangile et martyr de Jésus-Christ ;* par George Martin, protestant réformé. 1699. (Conservé dans la Bibliothèque Wallonne de Leyde.)

8° *The life of M. Brousson, Minister of the Gospel and Martyr.*

9° *Histoire du Fanatisme de notre temps*, par M. de Brueys, 3 vol. Utrecht, 1737.

10° *Histoire de l'Édit de Nantes*, par Élie Benoît, 5 volumes.

11° *Manuscrits communiqués par MM. Brousson de Hollande :*
Lettre écrite à Claude Brousson (neveu), à Amsterdam, par M. Antoine Privat. A Nimes, le 25 novembre 1698.

Relation venue de Montpellier, novembre 1698.

Lettre écrite à Daniel Brousson, à Amsterdam ; de Montpellier, le 6 janvier 1699.

Extrait du supplément au Dictionnaire Historique de M. Louis Moreri, article *Brousson*.

La vie et la mort de Claude Brousson, exécuté pour la Foi de l'Évangile, le 4 novembre 1698, ou Abrégé de la vie de C. Brousson, exécuté pour la Religion, à Montpellier, le 4 novembre 1698.

Lettre à M. Olivier, ministre à la Haye ; de Pau en Béarn, le 3 octobre 1698.

Relation de la sortie de France du sieur Daniel Brousson et de sa famille pour cause de religion, écritte par Claude Brousson, son fils.

Lettre à M. Masson, à Amsterdam ; de Montpellier, le 4 novembre 1698.

Lettre de M. Jean-Jacques la Croix à M. Etienne Cabrier, à Amsterdam ; de Montpellier, le 5 novembre 1698.

Lettre de M. Beringhen : écrite à la Haye, le 10 novembre 1698.

Lettre écrite à M. Daniel Brousson, à Amsterdam, par sa belle-sœur, Mlle la veuve de Jean Freboul ; de Montpellier, le 5 décembre 1698.

En outre, cinq sermons manuscrits.

Nous avons de plus consulté le Bulletin de la Société de l'histoire du Protestantisme français, la France Protestante, les Mémoires de Madame Du Noyer, l'Histoire des Pasteurs du Désert de M. N. Peyrat, l'Histoire de l'Église de Montpellier de M. le pasteur Ph. Corbière, etc., etc.

PIÈCES JUSTIFICATIVES

N° I.

Relation de voyage que firent MM. de Laporte et Brousson au commencement de la dispersion des Églises en France, 1685 et 1686 [1].

Les précédens députez, avant que de sortir de la Suisse, ayant appris que les très-loüables Cantons évangéliques étoient assemblez à Arau, s'y rendirent en diligence, et l'un d'eux fit à LL. Ex. un discours fort touchant dans lequel il leur représenta les grands maux que nos pauvres frères soufroient en France, la nécessité où ils étoient de tout quiter pour donner gloire à Dieu, l'extrême misère où la plupart d'entr'eux étoient réduits pour la cause de l'Évangile, et le grand besoin qu'ils avoient d'être assistez et consolez par leurs frères. Làdessus il remercia LL. Ex. de la grande charité qu'elles avoient exercé envers eux jusques alors, et il les conjura trèsinstamment au nom du Seigneur de continuer à leur accorder leur puissante protection et à récréer leurs entrailles ; priant le Seigneur qu'il voulut les récompenser largement de tout le bien qu'elles nous avoient fait et qu'elles continueroient à nous faire, conserver et combler de ses bénédictions leurs trèsillustres personnes, protéger toujours et faire prospérer jusqu'à la fin des siècles leurs puissans États.

Ce discours, dont on ne fait que rapporter la substance, fut fait en des termes si pathétiques et LL. Ex. témoignèrent en

[1] Court; Manuscrits, tom. XVII, vol. I.

être si touchées qu'elles voulurent qu'on le leur laissât par écrit.

En sortant de la Suisse, les députez allerent tout droit à Stouggard, capitale du Vurtemberg. Avant que d'y arriver, ils apprirent, à trois ou quatre lïeues de là, que S. A. S. Monseigneur le Prince Régent étoit à la chasse, et qu'il couchoit ce soir-là dans le même lieu où les députez devoient aussi coucher, ce qui fût cause qu'ils s'informerent s'ils pouvoient avoir l'honneur de voir S. A. S. Mais le lendemain matin S. A., en partant avant le jour, donna ordre de leur dire que comme il ne pouvoit rien faire sans la participation du Conseil, à cause qu'il n'étoit que Prince Régent, il croyoit que les députez devoient prendre la peine d'aller à Stouggard, et de s'adresser à M. le premier Conseiller d'État, lequel communiqueroit au Conseil ce qu'ils avoient à proposer, et le lui feroit savoir en même temps ; après quoi on leur rendroit réponse.

Les députez étoient donc arrivez à Stouggard, s'adressèrent à M. le premier Conseiller d'État, et après lui avoir dit de bouche ce qu'ils avoient à représenter à S. A. S., ils lui présentèrent leur commission avec une lettre de LL. Ex. et une supplication succincte, dans laquelle ils parloient sommairement de nos maux et supplioient très-humblement S. A. S. de vouloir donner azile dans les États de sa Régence à ceux de nos frères qui souhaitteroient de s'y arreter, de leur donner les moyens d'y subsister en leur accordant des terres à défricher, et les autres choses qui pourroient leur être nécessaires dans les commencements, de leur permettre de se faire instruire et consoler par quelques-uns de leurs Pasteurs, selon leur besoin et leur coûtume, et d'avoir la bonté de pourvoir aussi aux besoins de ceux qui seroient obligez de passer dans les États de sa Régence.

Quelques jours après, S. A. S. eut la bonté de leur envoyer un de ses secrétaires pour les assurer qu'elle étoit fort touchée de leurs maux et de ceux de leurs frères ; que pour des établissements dans les Etats de sa Régence, il les prioit eux-mêmes de considérer si leurs frères pourroient être en sûreté dans un païs tout ouvert, au voisinage de Strasbourg, dont le gouverneur avoit déjà témoigné que le Roi son maître trouveroit mauvais qu'on y donnât retraite à ses sujets, qu'il traitoit de rebelles et de déserteurs.

Cependant S. A. S. leur faisoit savoir qu'à l'égard de ceux qui passeroient dans ses Etats, il feroit en sorte qu'on exerceroit envers eux la charité.

De là les députez prirent le chemin de Nuremberg ; leur dessein étoit de voir S. A. S. Monseigneur le prince d'Auspac, mais il se trouva parti pour aller à Stouggard, et en effet ils le virent passer en chemin sans pouvoir avoir l'honneur de lui parler, n'ayant même sceu qui il étoit qu'après qu'il eut passé.

Lorsqu'ils furent à Nuremberg ils s'adressèrent à MM. Bloncard et Bürette, banquiers, très-honnêtes gens, et deux des principaux de l'Église Réformée de cette ville-là, laquelle Église est peu nombreuse, et va faire ses Exercices dans les terres de S. A. S. d'Auspac.

Les députez firent voir leur commission à ces deux Messieurs et ensuite au Pasteur, et à d'autres Messieurs de la même Église. Et comme toute l'autorité est entre les mains du Sénat, qui est tout luthérien, on fut d'avis que c'étoit au Sénat que les députez devoient proposer ce qu'ils avoient à demander, et qu'ils fussent accompagnez et présentez par un de ces Messieurs à Monseigneur le Président et à Messieurs les principaux Sénateurs ; ce qui fut fait. Ils remirent donc leur commission entre les mains de M. le Président, après lui avoir fait un petit discours ; et ils lui remirent aussi une supplication en latin, pour demander qu'il pleut au Très-Auguste Sénat de donner retraite dans leur ville à ceux de nos frères qui voudroient s'y retirer, de leur permettre de s'y établir, d'y travailler, d'y négocier, et de s'y assembler pour ouïr la parole de Dieu et pour le prier selon leur coutume, et d'ordonner une collecte pour subvenir aux nécessitez de ceux qui se trouvoient dans la misère ; ils demandèrent aussi qu'on fit des prières pour tant de fidèles dispersez, et pour ceux qui gémissoient en France sous le poids de la persécution.

Cette supplication ayant été communiquée à M. L'Antiste, les députez eurent l'honneur de le voir ; il leur parla comme à des personnes qui souffroient pour la vérité, les consola, les exhorta à la persévérance, et leur dit qu'il auroit soin d'exhorter son Église à la charité, et de faire en sorte qu'on priât pour nous et pour nos frères ; laissant le surplus de leur supplication au Sénat. Mais comme Messieurs de l'Église Réformée et les députez connurent que le Sénat trouvoit de la difficulté à leur accorder les établissements et l'exercice, on jugea à propos de représenter à M. le Président que comme l'affaire pourroit un peu traîner en longueur à cause de son importance, et que cependant ils étoient obligez d'user d'une grande diligence pour se rendre à la cour de S. A. E. de Brandebourg, à cause que c'étoit dans ses États que la plus grande partie de nos frères se retiroient, ils supplioient très-humblement le Très-Auguste Sénat de suspendre sa délibération jusques à ce qu'ils peussent envoyer de Brandebourg quelqu'un de leurs frères pour solliciter cette affaire. L'intention des députez et de Messieurs de l'Église Réformée de Nuremberg étoit que puisqu'il n'y avoit pas grande apparence qu'on peut obtenir ce qu'on demandoit, il valoit mieux laisser la chose indécise, et prier ensuite S. A. E. de vouloir écrire au Sénat sur ce sujet. Cependant les députez prièrent Messieurs les Pasteurs et principaux de l'Église Réformée de cette ville-là d'avoir soin de nos frères qui passeroient par leur ville pour aller en Brandebourg.

Les députez allerent ensuite à Bareüth, où ils eurent l'honneur de parler à S. A. S., qui fut extrêmement touchée de nos maux, et qui eut la bonté d'accorder aux députez les patentes qui ont donné lieu à un grand nombre de personnes de se retirer dans ses États. En arrivant à Bareüth, les députez trouvèrent que le sieur Ducros négocioit déjà pour obtenir de S. A. S. à peu près les mêmes choses qu'ils avoient à leur demander ; mais dès que les députez furent arrivez, il les laissa faire, se joignant pourtant à eux, et tachant de découvrir toutes leurs pensées, ce qui fut cause qu'on prit le soin de l'examiner ; et enfin par les choses qu'on apprit de lui à Bareüth ou en Brandebourg, on fut convaincu que c'étoit un faux protestant qui jouait le personnage pour acquérir quelque créance parmi les véritables protestants, de sorte que S. A. S. a eu la bonté de chasser cet homme-là ; les députez allerent tout droit à Leipzig dans le dessein de pousser jusqu'à Dresden pour avoir l'honneur de voir Monseigneur l'Électeur de Saxe. Mais lorsqu'ils furent à Leipzig, ayant appris que S. A. E. de Saxe étoit à la chasse, et ayant considéré que comme les luthériens de ce païs là avoient la réputation d'être fort rigides , il leur étoit fort nécessaire d'avoir une lettre de recommandation de S. A. E. de Brandebourg envers S. A. E. de Saxe , ils partirent pour aller incessamment à la cour de Brandebourg.

Lorsqu'ils y furent arrivez ils eurent plusieurs fois l'honneur de parler à S. A. E., qui voulut etre informée exactement des maux que nos frères soufroient en France et qui témoigna d'en être vivement touchée. Les députez la remercièrent très-humblement de la grande charité qu'elle exerçoit envers tous ceux qui se retiroient dans ses Etats, et la conjurèrent au nom du Seigneur de continuer à soulager leur misère.

Ils la supplièrent aussi de leur donner une lettre pour S. A. E. de Saxe, à la cour de laquelle ils vouloient aller. Mais S. A. E. leur dit qu'elle ne croyoit pas que cela fût à propos ; qu'avant leur arrivée elle avoit déjà écrit à S. A. E. de Saxe pour la solliciter à recevoir dans ses Etats des Réfugiez de France, et à leur permettre l'exercice public de leur Religion ; mais qu'elle n'avoit pas lieu d'être satisfaite de la réponse qu'elle en avoit reçue, et qu'ainsi elle croyoit qu'il seroit inutile de lui aller réïtérer la même prière. S. A. E. fit comprendre aux députez que ces mauvaises dispositions qui se trouvoient en S. A. E. de Saxe, ne procedoient pas tant des mauvais sentiments qu'elle avoit pour nous, que de la haine que les Pasteurs Luthériens de ses États avoient pour ceux qui professent la Religion réformée selon la Confession de Calvin.

S. A. E. ayant ensuite demandé aux députez ce qui leur avoit paru, dans leur route, des sentiments des Luthériens à notre égard, et l'un des dits députez lui ayant répondu qu'ils avoient remarqué que la plupart des Luthériens ne nous considèrent pas comme leurs frères, et comme des confesseurs qui souffrent pour la vérité; qu'ainsi s'ils prennent quelque part à nos maux, ce n'est que par un principe d'humanité, et non dans la vüe de la communion qu'il doit y avoir entre les fidèles; que cela leur faisoit juger qu'il faloit que les Luthériens fussent dans d'étranges préjugez contre nous; qu'ainsi le véritable moyen d'exciter leur charité envers nous seroit de leur faire connoitre que nous sommes de véritables chrétiens qui soufrons véritablement pour la cause de l'Évangile.

C'est pourquoi ce député dit à S. A. E. qu'il seroit à souhaiter qu'on fit quelques Lettres qui seroient adressées à tous les fidèles Protestants et Évangéliques: dans la première desquelles on feroit une sommaire relation des maux que nous soufrons pour ne pas fléchir les genoux devant les idoles et pour ne pas entrer dans la communion de l'Ante-Christ.

Dans la deuxième, on feroit un abrégé de la religion Réformée à l'égard de ses dogmes, de son culte, de son régime Eclésiastique et de sa morale, et on feroit voir sa parfaite conformité avec l'Évangile.

Dans la troisième, on examineroit les divers points sur lesquels les Protestants de l'une et de l'autre Confession sont dans quelque dissentiment; et on montreroit que ces questions ne touchant pas l'essence et les fondements du Christianisme, le dissentiment où sont les Protestants sur ce sujet ne doit pas empêcher qu'ils ne se reconnoissent pour frères; et qu'ils n'aient entr'eux une charité et une tolérance mutuelle.

Enfin, dans la quatrième, qui pourroit être adressée aux Rois, Électeurs, Princes et Magistrats Protestants, on leur mettroit devant les yeux les grands motifs qui doivent les porter à faire cesser un schisme si préjudiciable à l'Église, et on les exhorteroit puissamment à travailler incessamment à l'union des fidèles.

S. A. E. ayant goûté cette proposition, ordonna sur le champ aux députez qui la lui avoient faite, de travailler à ces quatre lettres et de les faire incessamment imprimer à Berlin, auquel effet elle pourvoiroit aux frais de l'impression et feroit ensuite envoyer les lettres dans tous les États Protestants, ou les bailleroit lui-même aux Ambassadeurs ou Envoyez des princes et des Républiques Protestantes.

Il falut donc que les députez fissent quelques mois de séjour à la Cour de S. A. E. de Brandebourg. Pendant le séjour qu'ils y firent, les lettres furent composées et imprimées ; et en même temps une grande partie de ces lettres furent envoyées dans les États Luthériens, même aux Ambassadeurs et Envoyez de tous les États Protestants qui étoient à la Diette de Ratisbonne, et qui témoignoient en être fort satisfaits. S. A. E. en distribua aussi elle-même aux Ambassadeurs et Envoyez Luthériens qui étoient à sa cour.

Elle voulut encore prendre le soin de faire envoyer les autres dans tous les États Luthériens. Cependant, après que les Luthériens qui étoient à sa cour, soit qu'ils fussent sujets de S. A. E. ou Étrangers, eurent vû ces lettres, ils allèrent témoigner à S. A. E. qu'ils étoient satisfaits des éclaircissements qu'on leur donnoit sur la créance des Réformez, et qu'ils ne voyoient pas qu'il y eût de la dificulté à convenir de la mutuelle tolérance qu'on y demandoit.

D'un autre côté, les députez avoient de temps en temps l'honneur de voir S. A. E., ou pour lui faire quelque prière en faveur de ceux qui se retiroient dans ses États, ou pour lui demander des lettres pour les lieux où ils jugeoient qu'elles pouvoient être nécessaires.

Entre les autres, ils en obtinrent une pour Messieurs les Magistrats de Nuremberg, lesquels, par leur réponse, témoignèrent qu'ils étoient fort touchez de nos maux, et qu'ils ne manqueroient point d'exercer leur charité envers ceux de nos frères qui se présenteroient à eux, mais ils ne firent pas espérer la liberté de l'exercice de la Religion dans leurs États.

Ils en obtinrent aussi pour quelques Princes Luthériens qui sont sur le Rhin, afin qu'ils laissassent librement passer dans leurs États les soldats qui voudroient sortir de France ; car on assuroit qu'on les ramenoit en France comme des déserteurs.

Les députez demandèrent souvent à S. A. E. si elle jugeroit à propos qu'ils allassent dans les autres États d'Allemagne et ailleurs, mais elle ne le trouva pas bon, parce que jusques à ce qu'on eût convenu de la tolérance mutuelle, il n'y avoit pas apparence que les Luthériens voulussent accorder dans leurs États l'exercice public de la Religion Réformée, S. A. S. Monseigneur le Prince de Bareüth l'ayant accordée en considération de S. A. E. de Brandebourg, et ayant été même nécessaire que les députez priassent S. A. E. de lui écrire expressément sur ce sujet, afin que S. A. S. fît voir à son Clergé qu'il ne pouvoit éviter d'accorder cela à l'instante prière de S. A. E.

S. A. E. consideroit, et les députez en convenoient aussi, qu'il ne seroit pas à propos d'envoyer des Colonies dans les États Luthériens si l'exercice public de la Religion Réformée n'y étoit pas permis. On consideroit aussi qu'à l'égard des Collectes, outre que les États d'Allemagne ne sont pas riches, on ne pouvoit pas espérer qu'on y fît des Collectes pour être transportées dans d'autres États. Peut-être qu'aujourd'hui, les préjugez où les Luthériens étoient contre les Réformez étant un peu dissipez, on pourra obtenir d'eux quelques Collectes pour être transportées ailleurs, lorsqu'on s'adressera à ceux qui ne pourront pas donner des retraites et des établissements dans leurs États, comme à Oulme, Nuremberg, Hambourg, Francfort, etc.

Les « *Lettres aux Protestants* » étant imprimées, les députez partirent pour la Hollande, où ils trouvèrent que Leurs Hautes Puissances avoient déjà fait divers fonds pour l'entretien des Pasteurs et des Officiers, tous les autres qui ont quelque industrie trouvant en Hollande assez de moyens pour subsister. Ils eurent l'honneur de voir S. A. S. Monseigneur le Prince d'Orange et Monsieur le Pensionnaire Faguel, pour remercier en leurs personnes Leurs Hautes Puissances de la Charité qu'elles exerçoient envers leurs frères, et pour les supplier très-humblement de continuer à leur donner la consolation et les secours dont ils avoient besoin dans leur exil.

Ils auroient peut-être passé en Angleterre, mais ils apprirent qu'on y faisoit une fort grande Collecte; de sorte qu'il n'étoit pas nécessaire qu'ils allassent y demander une chose qu'on y faisoit déjà.

Enfin les députez, après avoir fait quelque séjour en Hollande, et avoir eu plusieurs fois l'honneur d'y voir S. A. S. et Monsieur le Pensionnaire Faguel, selon les sujets qui s'en présentoient; considérant que tous ceux qui sortoient de France se retiroient en Brandebourg, en Angleterre ou en Hollande ou en Bareüth; qu'ils étoient secourus dans ces divers États selon leurs nécessitez; que S. A. E. de Brandebourg avoit eu la charité d'établir des routes pour ceux qui vouloient aller dans ses États, et que S. A. E. de Bareüth avoit aussi pourvu à la conduite de ceux qui se retiroient dans les siens; se voyant désormais inutiles et étant même sollicitez de revenir, s'en retournerent en Suisse.

MÉMOIRES POUR MESSIEURS LES DÉPUTEZ.

La confiance qu'on prend en la prudence de Messieurs les députez fait qu'on ne juge pas nécessaire de leur donner de grandes instructions pour l'exécution de leur commission; c'est pourquoi on se contentera de toucher seulement quelques articles.

1. On croit que Messieurs les députez doivent remercier Leurs Excellences des Cantons Évangéliques en la personne de Leurs Excellences de Zurich, de la grande charité qu'elles ont

exercée envers nos frères jusques à présent ; les supplier très-humblement de continuer à soulager leur misère, puisqu'il plaît à Dieu de permettre que nos maux continuent ; et les assurer que nous ferons toujours des prières très-ardentes pour leur conservation et pour la prospérité de leurs États.

2. On croit qu'il faudra faire les mêmes remerciements, la même prière et la même protestation à Leurs Excellences de Schaffouse en particulier, à S. A. S. de Bareith, à Messieurs les Magistrats qui sur la route ont aussi exercé leur charité envers nos frères, et enfin à S. A. E. de Brandebourg, à laquelle il est juste de rendre des actions de grâce proportionnées aux bienfaits extraordinaires que nous ou nos frères avons reçu et recevons encore tous les jours de sa Bonté. En un mot, toutes les fois que Messieurs les députez se présenteront devant quelque Prince ou quelques Magistrats qui ont déjà témoigné leur charité à nos frères, il faut qu'ils les en remercient, et qu'ils les prient de vouloir continuer.

3. C'est aussi à S. A. E. qu'il faut que Messieurs les députez s'adressent pour recevoir ses ordres, et la supplier très-humblement de leur faire la grâce de leur accorder des lettres de recommandation envers les Rois, Princes et Magistrats Protestants, et de leur donner même quelques personnes pour les accompagner de sa part, comme nous l'en prions très-humblement par la lettre que nous prenons la liberté de lui écrire sur ce sujet, ce que nous jugeons très-nécessaire pour le bon succès de cette députation.

4. Quand même Messieurs les députez trouveroient des Luthériens qui voudroient entrer en matière sur les points controversez, il faut qu'ils l'évitent avec soin, et qu'ils se contentent de parler de nos sentiments par manière d'Apologie, et pour faire voir seulement que nous tenons tous les fondements du salut, et que nous sommes de véritables Chrétiens et Confesseurs de l'Évangile.

5. Dans les États Luthériens où nos frères pourront se retirer, il faut demander pour eux la liberté de faire publiquement leurs Assemblées et exercices de piété, en la manière

qu'il se pratique parmi nous, et d'établir pour cet effet de nos Pasteurs pour exercer parmi eux leur ministère, selon notre Confession de foi et notre discipline.

6. Il faut faire en sorte, s'il se peut, que dans chaque ville on nomme quelques personnes à qui nos pauvres frères pourront s'adresser, et qui auront le soin de leur donner la consolation et l'assistance dont ils auront besoin.

7. Il y a partout un grand nombre de gens adroits qui parroissent touchez de nos maux et fort zélez pour nos intérêts; et qui n'ont d'autres desseins que de découvrir toutes nos pensées. C'est pourquoy il faut toujours être sur ses gardes de ce côté-là. Et lorsqu'on aura à proposer à quelque Prince quelque chose qui ne doive pas être rendü publique, il faut que Messieurs les députez demandent expressément une audience particulière ; il faut même qu'ils supplient très-humblement le Prince de leur dire à quelle personne ils pourront se confier lorsqu'ils auront quelque chose d'important à lui faire savoir.

8. Comme ce sont les Pasteurs Luthériens qui nous font tout le mal, il importe baucoup de les voir et d'implorer leur charité et leur secours, afin qu'ils solicitent eux-mêmes les Princes et les Magistrats à nous accorder les grâces que nous leur demandons. Pour cet effet, il est bon de leur témoigner que c'est principalement de leur intercession qu'on attend le succès des très-humbles prières que nous faisons pour nos pauvres frères.

Nº II.

Lettre de Brousson à Monsieur de Mirmand[1].

———

Lausanne, 13 avril 1688.

Monsieur,

La lettre que vous avez pris la peine, Monsieur, d'écrire en dernier lieu à Monsieur Barbeyrac ayant été remise entre les mains des Messieurs qui ont été nommez depuis quelques jours pour entrer en la place de ceux qui étoient chargez du soin des affaires des Réfugiez, ces Messieurs m'ont fait l'honneur de me charger d'y faire réponse, et de vous marquer, Monsieur, qu'on a aussi jugé à propos en cette ville de faire une lettre particulière pour S. A. E. de Brandebourg, pour la remercier de toutes les grâces que nos frères en ont déjà receües et pour la supplier très-humblement de vouloir employer ses soins pour faire réüssir notre dessein. Nous tacherons de vous l'envoyer par le prochain Courrier, mais il seroit malaisé, Monsieur, qu'elle fût signée par tous ceux qui ont signé la lettre générale, car il faudroit trop de tems pour cela. Mais il y en aura un grand nombre qui signeront pour tous. Cependant, Monsieur, je vous envoye la Relation et les Mémoires que vous souhaittez et dont vous tirerez les usages que vous jugerez à propos. J'eusse bien voulu avoir le tems de le mettre en meilleur état, mais j'ai fait ce que j'ai pû.

Au reste, Monsieur Bernard vous aura sans doute fait savoir la nouvelle qu'on a reçeü de la Déclaration du Roi de Suède, par laquelle il ordonne que tous les enfants qui naîtront dans ses États seront baptisez par des Pasteurs Luthériens.

Il vous aura sans doute aussi fait savoir ce que deux seigneurs de Berne ont eu la bonté de lui dire : qu'ils croyent

———

[1] Manuscrits Court, tom. XVII, vol. 0.

que vôtre députation ne produira pas baucoup de fruit à cause de la mauvaise disposition où l'on voit que sont les Luthériens à notre égard, et du grand nombre de Réfugiez dont les États Protestants sont déjà chargez; et que du moins ils croyent que vôtre départ doit être différé jusques à ce qu'on sache l'effet qu'aura produit la lettre que son Altesse Électorale a déjà écrit au Roi de Suède, et celles que Leurs Excellences et Messieurs les États Généraux de Hollande auront aussi la bonté de lui écrire sur ce sujet. Comme il nous a fait savoir la même chose, nous lui répondons aujourd'hui, Monsieur, qu'à l'égard du succès de la députation, c'est de Dieu seul qu'il dépend ; que c'est à nous à faire ce que nous pouvons pour la consolation et pour le soulagement de nos frères, et que nous devons prier Dieu qu'il veuille bénir nos soins ; et espérer de sa grâce et de sa miséricorde qu'il y répandra sa bénédiction.

Et à l'égard de la Déclaration du Roi de Suède, nous lui marquons qu'elle nous cause beaucoup d'affliction, que nous jugeons bien qu'une Déclaration de cette nature ne peut avoir que des suites fort fâcheuses ; d'autant plus qu'un Pasteur nous a dit qu'il avoit appris de bonne part que l'intention du Roi de Suède étoit de faire prêcher par des Pasteurs Luthériens aux Églises françoises et Réformées qui s'étoient déjà établies ou qui s'établiroient dans son Royaume.

Cependant nous lui faisons savoir que nous ne croyons pas que cette Déclaration doive suspendre vôtre départ ; et qu'au contraire c'est une nouvelle raison pour devoir le faire hâter. Que : 1. Cette déclaration nous faisant connoître que le Roi de Suède doit être à notre égard dans des préjugez qui ne nous sont pas favorables, il nous semble que pour éviter la désolation de ceux de nos frères qui se sont déjà retirez dans ses États ou qui peuvent s'y retirer, il est absolument nécessaire que nos députez aillent incessamment se jeter aux pieds de S. M., soit pour lui rendre raison de nôtre Foi et lui faire connoître que nous sommes de véritables Chrétiens et Confesseurs de l'Évangile, soit pour implorer ses compassions de la manière la plus touchante qu'il leur sera possible.

2. Que l'intérest de nos autres frères qui se sont déjà établis ou qui peuvent s'établir dans les autres États Luthériens, nous fait aussi juger qu'il importe de hâter le départ de nos députez, afin d'éviter, s'il se peut, qu'on ne fasse ailleurs ce qu'on a fait en Suède.

3. Que la misère de nôtre pauvre peuple le demande aussi ; car nous voyons avec beaucoup de douleur qu'un très-grand nombre de ces pauvres gens se laissent aller au désespoir et s'en retournent en France, à cause des tristes nouvelles qu'ils apprénent tous les jours d'Allemagne. De sorte que pour leur relever le courage, et pour éviter. la perte de ce pauvre Peuple, il importe extrêmement que nos députez partent sans aucun délai, pour aller émouvoir la pitié de tous nos frères Protestans, afin que ceux qui jusqu'à présent ont fermé leurs entrailles à ce pauvre Peuple le reçoivent et le consolent ; et que ceux qui ont déjà exercé leur charité par le passé, fassent de nouveaux efforts en faveur de ceux que la Providence conduira encore dans leurs Etats, de sorte qu'il seroit à souhaitter que cette députation eût été faite il y a six mois.

4. Que la chose est même déjà tellement engagée qu'il n'est pas possible que nous suspendions le départ des députez, car d'un côté nous avons pris la liberté d'écrire à S. A. E. de Brandebourg pour la supplier très-humblement de vous donner congé pour six mois, afin que vous puissiez exécuter la commission qu'on vous a donnée, après quoi il n'y a pas apparence que vous puissiez différer votre départ dès que le congé vous aura été accordé ; et de l'autre, cette députation ayant déjà fait un grand éclat, il est certain que si vous suspendez vôtre départ, la Cour de France ne manquera pas de rompre toutes vos mesures et de rendre tous vos soins inutiles.

5. Que le bruit même que peut faire en France la Déclaration du Roi de Suède empêchera peut-être un grand nombre de nos frères de sortir du Royaume pour satisfaire au devoir de leur conscience.

Nous lui marquons donc que c'est là une partie de nos raisons qui nous persuadent qu'il importe que vous hatiez l'un et l'autre vôtre départ, et que nous espérons que les deux seigneurs qui ont eu la bonté de lui dire leur sentiment sur ce sujet approuveront nôtre conduite lors qu'il leur aura dit nos raisons.

Nous lui répondons aussi sur ce qu'on avoit remarqué qu'on n'a point fait de cotisation pour faire les fraix du voyage, et je ne crois pas, Monsieur, qu'il soit nécessaire de vous écrire sur ce sujet. Enfin, Monsieur, j'ai été chargé de vous faire savoir qu'on a fait la nomination des personnes qui doivent entrer en la place de ceux qui avoient le soin des affaires qui regardent les Réfugiez. C'est pourquoy, lorsque vous aurez à écrire, vous pouvez adresser vos lettres à Monsieur Murat, à Monsieur de Paradez ou à Monsieur Jordan, Pasteurs.

Cependant, Monsieur, je vous prie d'être persuadé que je suis avec sincérité votre très-humble et très-obéissant serviteur,

Brousson.

Je crois que M. Bernard vous aura déjà envoyé la lettre d'envoi.

No III.

Lettre à M. de Schomberg [1].

On ne peut s'empêcher de représenter de nouveau qu'il importe extrêmement de se rendre maître des Cévenes. Si nos ennemis y avoient une fois jetté dix ou douze mille hommes et qu'ils y fussent fortifiés, il ne seroit plus possible de les en chasser, et ils rendroient presque inutile tout ce qu'on pourroit faire de la plaine, car de là ils désoleroient tout le pays. Aussi est-il aisé de comprendre qu'ils ont fort à cœur la conservation de ces montagnes là. Les deux régimens

---

[1] Reproduite : *Histoire du Fanatisme*, de Brueys, pag. 252 et suiv.

de Milice qui y sont dispersés et qui peuvent faire en tout douze ou quinze cens hommes, outre quatre à cinq compagnies de cavalerie et quelques autres compagnies d'infanterie qui sont dans les forts d'Alais et Saint-Hippolyte, y font des courses et des recherches continuelles pour tacher de surprendre les fugitifs, de trouver les armes qui peuvent être cachées, et d'abattre le courage du peuple.

On dit bien que ces deux régimens et ces compagnies de cavalerie quitteront bientôt ce pays-là, mais il y a bien apparence qu'on ne manquera point d'y mettre de nouvelles Milices qui auront ordre de faire incessamment des détachemens pour intimider les gens du pays ; ce qui fait juger que ce peuple ne sauroit rien entreprendre quand même on y envoyeroit des officiers, si on ne jette dans ces montagnes-là quelques troupes qui occupent un peu les Milices et qui donnent aux habitants du pays le moyen d'agir. Si on y pouvoit jetter deux mille hommes, ce seroit une grande affaire; autrement il faut tacher d'y en jetter mille, ou au pis, cinq cens hommes choisis, armez de fusils et de bayonnettes, parmi lesquels il y eût un bon nombre d'officiers surnuméraires, des plus vigoureux, pour commander les gens du pays.

Il faudroit que ce secours entrât dans les Cévenes un peu avant que l'armée protestante en approchât ; et pendant que les troupes de France seroient occupées dans la plaine à faire tête à cette armée-là, on pourroit en faire un détachement, et en leur faisant faire un peu de détour, les faire marcher en diligence du côté des Montagnes, pendant que l'armée seroit du côté du Rosne.

On pourroit aussi les faire débarquer à l'entrée de la nuit, entre Montpellier et Aygues-Mortes s'il se pouvoit, ou plus bas du côté d'Aygues-Mortes ; et pour cet effet s'informer avec M. Gautier ou avec d'autres personnes de ce quartier-là, des endroits propres pour ce débarquement. De là on les feroit marcher toute la nuit du côté de Calvisson, de là vers Canes, proche de Vic, car proche de Canes, qui est à cinq à six lieues de la mer, il y a une petite montagne couverte d'un bois assez épais où ils pourroient s'arrêter un peu dans le besoin. De Canes, en traversant une plaine d'environ une lieue qui n'est presque pas habitée, ils passeroient proche de deux petits villages appelés Durfort et Saint-Phélix, éloignez d'environ trois quarts de lieue l'un de l'autre, et dans le besoin ils pourroient aussi se jetter dans les bois et sur de petites montagnes qu'on trouve tout le long de ce chemin-là. De là, continuant à prendre les montagnes, ils passeroient proche de la Salle, qui est aussi à trois quarts de lieue de Saint-Phélix, et pourroient aller du côté de Saumane, à deux petites lieues de la Salle, où ils pourroient s'arrêter ; car là le pays est assez fort et c'est à peu près le cœur des Cevenes où le peuple se ramasseroit de tous côtez.

Ce coup, avec l'assistance de Dieu, paroit un coup sûr ; car, pour peu de diligence qu'on fît, les Milices du pays n'auroient pas le temps de se ramasser pour s'opposer au passage de ceux qui entreroient. D'ailleurs, des gens qui attaqueroient vigoureusement ces Milices, et qui publieroient que le gros de l'armée seroit là, les dissiperoient facilement, quand le nombre de ces milices seroit quatre fois plus grand que le leur. Il seroit pourtant bon de jetter d'abord dans les Cevenes autant de monde qu'il se pourroit, afin de s'assurer de ces montagnes et d'y mettre le peuple en état de se défendre et de se fortifier, après quoi ces troupes pourroient descendre dans la plaine.

Nº IV

Lettre de Brousson à Monsieur de Basville[1].

Monseigneur,

Il y a longtemps que ceux qui souhoitent le bien et le repos de l'État et qui font de sérieuses réflexions sur les maux qui le menacent, prènent la liberté de donner des avis aux Puissances sur ce sujet et de leur faire de très humbles remontrances. Mais le peu de succès que ces divers avis et ces diverses remontrances ont eu jusqu'à présent, font bien craindre que Dieu n'ait résolu d'affliger ce Royaume d'une façon extraordinaire.

Il n'y a que peu de temps qu'on prit la liberté d'écrire à Votre Grandeur pour lui faire savoir que dans ce Païs les Prêtres ne s'occupent qu'à inquiéter le peuple et à le désespérer ; que sur les moindres prétextes ils se font donner des soldats pour forcer indirectement les gens d'aller à la Messe, ou pour faire des recherches dès qu'on veut s'assembler pour prier Dieu, ou pour se saisir de tous ceux qu'il plait à ces Messieurs, ou pour faire tirer sur eux, ou pour mettre chez eux les soldats à discrétion ; que par ce moyen le peuple est incessamment dans le trouble ; que les uns sont ruinez et les autres ne peuvent pas conter sur ce qui leur reste ; qu'ils ont tous un déplaisir mortel d'avoir été forcez d'abjurer leur Religion, sans parler de tous les maux que les Ecclésiastiques leur ont déjà fait souffrir, et qui ne peuvent que les avoir extrêmement irritez ; et que néanmoins ces Messieurs ne s'étudient maintenant qu'à les jetter dans le désespoir. A quoi on a ajouté que Votre Grandeur ne trouveroit pas mauvais s'il lui plaisoit qu'on lui fît savoir toutes ces choses, afin qu'elle peût y remédier selon sa prudence et son équité.

[1] Archives de Montpellier, c. 191.

On avoit lieu de croire, Monseigneur, que cet avis produiroit quelque bon effet. Cependant on a vû que depuis ce temps là les détachemens qui se font pour courir sur ceux qui veulent s'assembler pour prier Dieu ont été plus fréquens qu'auparavant. Ce qui ayant donné lieu à quelques petits désordres, Votre Grandeur s'est d'abord mise en état d'exercer de nouvelles rigueurs dans ce Païs. Mais, Monseigneur, on supplie très humblement Votre Grandeur d'agréer qu'on lui dise avec un profond respect que cela n'est guère propre pour calmer les esprits irritez, et qu'on ne peut que déplorer le malheur de cet état, en ce que, par quelque fatalité qu'on ne comprend point, les avis les plus sincères et les plus salutaires lui sont inutiles et lui deviennent même souvent préjudiciables.

Les personnes mal intentionnées ont sans doute représenté à Votre Grandeur que le peuple de ce Païs est dans de mauvaises dispositions, et qu'il faut prévenir ses entreprises dans la conjoncture présente. Mais n'auroit-il pas été plus raisonnable de dire que puisque la Révocation des Édits de Pacification, dont l'observation avoit été solennellement jurée, a déjà fait une si grande brèche à l'État et qu'elle continue encore à le ruiner et à diviser les sujets du Roi, pendant que ce Royaume est environné d'ennemis, on ne devroit pas négliger un avis qui au fond ne tend qu'à faire remédier aux maux de l'État?

On fait entendre à Votre Grandeur que ceux qui sont revenus dans ce Païs pour y prêcher l'Évangile ont été envoyez par les Puissances Étrangères, et qu'ils n'ont d'autre dessein que d'y mettre tout dans la confusion. Mais autant qu'on peut connoître les personnes qui sont revenues dans les Cévenes, on peut protester avec vérité, et on peut en prendre Dieu à témoin, qu'ils sont revenus sans aucun ordre des Puissances Étrangères, et que c'est leur propre zèle et le devoir de leur conscience qui les a portez à rentrer dans le Royaume pour y travailler au salut de leurs frères et au rétablissement du véritable Service de Dieu, tel que Dieu le prescrit dans sa Parole, et qui lui étoit rendu selon les Édits de Pacification. On ne doit pas se flatter, Monseigneur, il n'y a point de Pasteur exilé qui ne se croye obligé de rentrer dans le Royaume pour la même fin, et qui n'ait résolu de le faire. Si la plupart d'entr'eux ont suspendu jusqu'à présent l'exécution de cette entreprise, c'est qu'ils espèrent de pouvoir le faire bientôt avec plus de sûreté. Ainsi, on peut conter là-dessus que tôt ou tard ils rentreront tous, s'il plaît au Seigneur. Et pleût à Dieu qu'ils l'eussent déjà fait, et que le zèle que le Peuple eût témoigné à leur retour eût déjà porté la Cour à rétablir les choses, sans attendre qu'il en eût coûté à l'État ce qu'il pourroit bien lui en coûter dans la suite.

On se trémousse fort quand on voit les Assemblées, et on a recours aux remèdes les plus violens pour les empêcher. Mais on ose dire, Monseigneur, et l'événement le justifiera, qu'il faut que l'État périsse ou que la liberté de conscience y soit rétablie. On n'a jamais bien connu le danger qu'il y avoit à forcer deux millions de personnes d'abjurer une Religion qu'ils sont persuadez être la seule qui est conforme à la Parole de Dieu, et dans la Profession de laquelle on peut se sauver.

Une persécution violente et terrible peut bien d'abord étonner les gens, et les porter à la dissimulation. Mais après qu'ils ont bien fait réflexion sur leur faute, et qu'ils ont eu le tems de faire une juste opposition des tourmens éternels de l'Enfer, dont ils voyent que Dieu les menace, aux peines temporelles que les hommes peuvent leur faire soufrir, ils prènent enfin la résolution de tout soufrir en ce monde pour éviter d'être condamnez en l'autre aux flammes éternelles.

D'ailleurs la Religion Romaine a ce malheur, que plus ceux qui connoissent la Parole de Dieu prènent le soin d'examiner cette Religion-là, plus ils en ont de l'horreur. Il y avoit déjà quelque tems que les Docteurs de l'Église Romaine s'étudient à déguiser leur créance et tachoient de persuader qu'elle n'étoit pas éloignée de celle des Réformez, ni par conséquent des Saintes Écritures. Mais plus ceux que ces déguisemens avoient surpris, ou que la violence de la persécution avoit fait succomber, l'ont examinée de près, plus ils ont reconnu qu'elle est contraire à la Parole de Dieu. En effet, les personnes éclairées, ceux qui ont connoissance de l'Écriture et de l'Histoire Ecclésiastique, savent que Rome, qui depuis tant de siècles exerce sa tyrannie dans le Monde, après avoir perdu la monarchie universelle qu'elle possédoit sous le Règne de ses Empereurs, a voulu la recouvrer par l'abus qu'elle a fait de la Religion, en attribuant faussement à son Évêque le pouvoir du Fils de Dieu, qui est le Roi des Rois et le Seigneur des Seigneurs ; et que cette même Rome, qui avoit renoncé au Paganisme pour embrasser la Religion de Jésus-Christ, s'est ensuite dégoutée de la simplicité et de la pureté de l'Évangile, et a renouvellé peu à peu la pompe, les erreurs, les superstitions et l'idolâtrie des Païens.

Ainsi, Monseigneur, il est certain que si cette persécution duroit un siècle, on verroit durant tout ce temps-là qu'une très grande partie des sujets du Roi, dont la conscience seroit gênée, continueroient à sortir de ses États, et que les autres s'y exposeroient tous les jours aux plus terribles dangers pour rendre à Dieu le culte qu'il prescrit dans sa Parole. Les supplices ni les massacres ne les arrêteroient point, comme ils n'arrêtèrent point leurs Pères dans le siécle passé, et comme ils n'arrêtoient pas les premiers Chrétiens. Au contraire, le zèle et la constance de ceux qui souffriroient la mort pour sceller la vérité de leur propre sang serviroient à ranimer et à fortifier les autres. Ce qui a fait dire que les cendres des Martyrs ont toujours été la semence de l'Église. De sorte que quand l'État n'auroit pas d'ennemis au-dehors, il s'affaibliroit et se détruiroit incessamment de soi-même.

Il est toujours étrange, dira-t-on, que des sujets prènent les armes contre leur Prince ; mais ils ne les prènent que pour la défense de leur propre vie, lorsqu'ils voient qu'on se met en état de les massacrer. La patience des plus modérez se change en fureur lorsqu'elle est poussée à bout. Les plus pacifiques se lassent enfin d'être dévorez sans sujet, d'être traitez en esclave et d'être égorgez comme des bêtes. Permettez, s'il vous plaît, Monseigneur, qu'on représente avec respect à

Votre Grandeur qu'il n'y a point d'homme si ignorant et si stupide qui ne sache qu'il n'est pas juste de traiter de la sorte un peuple qui a signalé sa fidélité envers son Prince dans des occasions importantes, et qui maintenant veut rendre à Dieu ce qui lui est deû comme il rend à son Roi ce qu'il lui doit. Surtout lorsque le droit qu'il a de rendre à Dieu le culte qui lui est deû est fortifié par des Édits perpétuels et irrévocables, très justes en eûx-mêmes, absolument nécessaires pour le repos et le bonheur de l'État, fondez sur des Traités de Pacification, signez de part et d'autre, rendus sacrez par divers sermens solennels, et enfin plusieurs fois confirmez par Sa Majesté.

Que veut-on que fasse ce misérable Peuple? Il est au désespoir d'avoir été forcé d'abjurer sa Religion, il a plus d'horreur que jamais pour celle qu'on lui a fait embrasser, et il ne peut plus vivre absolument dans la Religion Romaine. Quel parti peut-il donc prendre? Il a tenté inutilement une infinité de fois la voye des supplications et des remontrances. Lorsqu'il veut s'assembler sans armes pour prier Dieu, on le massacre inhumainement. Faut-il donc trouver étrange qu'il prène quelques précautions pour éviter d'être égorgé? Veut-on qu'il attende que les Puissances Étrangères se soient fait ouverture dans le Royaume pour se jetter entre leurs bras et mettre fin par ce moyen à toutes les misères et à toutes les calamités qu'il soufre depuis si longtemps? Certes, il vaut bien mieux que ce pauvre Peuple, en faisant connoître qu'il aime mieux mourir que de vivre plus longtemps dans une Religion qu'il croit contraire à la Parole de Dieu, tâche de porter la Cour à lui redonner la liberté de conscience dont on l'a fait dépouiller, que d'attendre une occasion plus favorable pour lui mais plus funeste pour l'État?

Dieu veuille, Monseigneur, qu'on daigne faire quelques réflexions sur cette lettre; qu'après avoir longtemps différé de remédier aux maux de l'État, qui empirent tous les jours, on se résolve enfin à en arrêter le cours, pour éviter la ruine du Royaume, et que pour cet effet on prène en bonne part les avis sincères qu'on donne à ce sujet à Votre Grandeur, et qu'on la supplie très humblement de communiquer incessamment à la Cour.

Des Cevenes, le 1er d'octobre 1689.

BROUSSON, Ministre de l'Évangile.

Paraphé *ne variatur,*
PINON.

Ne variatur,
DE LAMOIGNON.

No V.

Mise à prix de la tête de Brousson[1].

Nicolas de Lamoignon, chevalier, comte de Launay-Courson, seigneur de Bris, Vaugrineuse, Chavagne, Lamothe-Chandenier, Beuxe et autres lieux, Conseiller d'Etat, Intentendant en la province de Languedoc.

Etant informé que le nommé Brousson continuë d'inspirer un esprit de révolte aux peuples et les porte, autant qu'il luy est possible, à contrevenir aux ordres du Roy, ce qui mérite qu'il soit puni comme un perturbateur du repos public,

Nous déclarons derechef que Nous donnerons la Somme de cinq mille livres à quiconque nous découvrira le dit Brousson et nous donnera les moyens de le faire arrêter, sans que celuy qui nous donnera l'avis soit obligé de paroitre et de se déclarer à Nous qu'après que ledit Brousson aura esté pris, en nous faisant connoitre que l'avis nous a esté donné par Luy, et sans qu'il soit obligé de nous donner aucune reconnoissance du payement de la dite somme. Luy promettant que nous ne le découvrirons jamais, ce qui sera par nous exécuté aussi exactement que le payement des cinq mille livres qui ont esté donnez après la prise de Vivens.

Promettons aux mêmes conditions de faire payer la somme de mille livres à celuy qui nous fera prendre le nommé la Jeunesse.

[1] Archives de Montpellier, c. 191.

Ces avis nous pourront estre donnés par des lettres non signées qui seront mises à la poste, ou par telle autre voye que l'on jugera à propos. Fait à Montpellier, ce 26 juin 1693; signé de Lamoignon, et plus bas par Monseigneur Letellier.

Portraits de Brousson et de la Jeunesse :

Brousson est de taille moyenne et assez menuë, âgé de 44 ans au moins, le nez grand, le visage bazané, maigre, les cheveux noirs, les mains assez belles. Il porte une Perruque.

David Gazan, dit la Jeunesse, âgé de 25 ans ou environ, de petite taille, assez gros, les cheveux noirs un peu crêpez, le visage court et rond, les yeux noirs et enfoncez, le nez un peu plat, la bouche assez petite, le bas du visage assez bien fait, vêtu couleur de caffé, portant une Perruque brune.

Suit l'annotation suivante du trompette, écrite de sa main :

L'an mil six cents nonante-trois et le vinte-septième jour du moy de juin, par moi, Piave Guillaumon, trompette et crieur public de la ville de Montpelier, y rézidant, soubz^{ne} l'affiche que dernière a esté leue, publiée à son de trompe et affichée sur la porte de Monseigneur l'Intendant et sur la porte de lotel de ville et par tous les coins et carafours accoutumés de la présant ville de Montpelier ; en foy de ce, Guillaumon.

Ecrit à Montpellier, le 27 juin 1693.

Signature illisible du greffier.

N° VI.

Lettre de Brousson à Monsieur Pictet [1].

---

22 de Juillet 1693.

Mon très-cher Monsieur et très-honoré frère,

La connoissance que j'ai de vos lumières et de vôtre piété me fait prendre la liberté de vous adresser la suite et la

---

[1] Manuscrits Court, tom. XVII, vol. a.

fin d'un ouvrage dont j'avois fait imprimer le commencement avant que je retournasse en France, et que je n'ai pû jusqu'à présent donner tout entier au public, quoiqu'il m'ait toujours paru fort important pour l'édification publique et pour l'avancement du Règne de Dieu.

M. Duffour et M. Ritter avoient imprimé ce qui a déjà paru de cet ouvrage, qui est celui de mes *Lettres aux Catholiques Romains*. C'est pourquoi si M. Ritter en veut achever l'impression, vous aurez, s'il vous plaît, mon cher Monsieur, la bonté de lui délivrer le manuscrit que je prens la liberté de vous adresser. Les trois premières parties de cet Ouvrage, qui en contient sept petites, ont été imprimées avec une grande négligence ; car il y a été fait grand nombre de fautes que je marquai dans des Errata que je fis imprimer pour être mis à la tête de chacune de ces trois premières parties. C'est pourquoi il faudrait corriger ces trois premières parties selon ces Errata.

Si M. Ritter n'avoit pas ces trois premières parties imprimées, il faudroit qu'il prit la peine d'aller à Lausanne, où j'en ai encore presque toutes les copies que je réserve pour un dessein particulier. Il pourrait même peut-être y trouver ces trois premières parties reliées et corrigées de ma main. S'il n'y en à point parmi les livres que je laissai à ma femme à Lausanne, il pourrait ouvrir quelqu'une des balles que j'y laissai aussi, et dans lesquelles j'avais mis trois cents Exemplaires de ces trois premières parties, et cinq cents Exemplaires de mes *Lettres au Clergé de France*, qui ne seroient jamais vieilles pour ce Royaume, mais que je n'ai pu encore y faire entrer.

J'ai encore ici deux ouvrages qui me paroissent aussi fort importants pour l'édification publique et pour l'avancement du Règne de Dieu : savoir une vingtaine de Sermons que Dieu m'a fait la grâce de faire et de prononcer en divers lieux, dans les cavernes ou dans les déserts, durant les ténèbres de la nuit, au milieu des flammes d'une horrible persécution où j'ai été exposé durant quatre ans, dans des fatigues, dans des misères et dans des dangers qui n'avoient point d'exemple encore, comme on pourra le voir dans une Épître que je mets à la tête de ces Sermons. Une infinité de copies de ces Sermons, écrites à la main, ont été répanduës d'un côté et d'autres, et Dieu, qui les a accompagnées de l'efficace de sa grâce, s'en est servi aussi bien que des soins continuels des autres fidèles Serviteurs que son Esprit a suscitez extraordinairement dans cette Province, pour réveiller partout le zèle du peuple, de sorte que ce pauvre Peuple soupire continuellement après le rétablissement du service public qui a été interdit en France depuis huit ans, y ayant parmi ce même Peuple un grand nombre de fidèles dont la constance et la piété nous remplissent de consolation.

Mais pour en revenir aux Sermons dont j'ai parlé, je les ai composez sur les matières qui m'ont paru les plus importantes, ou pour l'instruction, ou pour la sanctification, ou pour la consolation du Peuple, par rapport à l'état où l'Église de Dieu se trouve maintenant en France. Et parmi ces Sermons, il y en a un assez bon nombre pour la Communion, pour lesquels Dieu m'a fait la grâce de mettre les mystères de la Cène du Seigneur dans une grande évidence qui remplit les consciences de consolations, et qui ne laisse pas aux ennemis de la vérité les sujets de chicane et d'endurcissement qu'ils ont trouvé dans plusieurs expressions dont nos Docteurs se sont servis jusqu'à cette heure, qui ont toujours paru contraires à nos propres sentiments, et qui semblent marquer que nos Docteurs avoient encore quelques restes des charnelles et ridicules idées de l'Église anti-chrétienne et idolâtre, touchant la communion que nous avons avec Jésus-Christ dans la Sainte Cène.

Je fais voir que ce Sacrement contient au fond le même mystère que le Baptême ; que c'est bien un sacré mémorial du grand Sacrifice du corps et du sang de Jésus-Christ, qui a été offert sur la croix pour l'expiation de nos péchez ; mais que maintenant c'est par la foi et par le Saint-Esprit que nous sommes unis à Jésus-Christ lui-même, vivant et glorieux dans le Ciel, comme à celui qui par sa mort a fait l'abolition de nos péchez et nous a délivrez de la mort et de la malédiction éternelle que nous avions méritée ; et qui, par la parfaite obéissance qu'il a rendue à la Loi de Dieu son Père, nous a acquis la parfaite Justice, qui nous étoit nécessaire pour avoir part à la Vie éternelle et bien heureuse que Dieu avoit promis à tous ceux qui accompliroient ses commandemens. Je fais voir qu'étant ainsi unis à Jésus-Christ par la foi et par le Saint-Esprit, nous sommes faits un même corps avec lui, que nous sommes ses membres mystiques, et comme dit saint Paul (*Éphés.*, 4-30), que nous sommes de sa chair et de ses os ; et que par ce moyen tout ce qu'il a fait et soufert pour nous nous est imputé comme si nous l'avions fait et soufert nous-mêmes. C'est ce que Dieu me fait la grâce d'établir par une infinité de raisonnemens solides et des témoignages des divines Écritures, qui ne laissent pas la moindre difficulté dans l'esprit ni le moindre prétexte à nos ennemis de chicaner et de l'endurcir, car ils alléguoient sans cesse dans leurs écrits, et surtout depuis la désolation de nos Églises, que ces expressions de nos Docteurs et de nos catéchismes : être véritablement faits participans de la chair et du sang de Jésus-Christ, être nourris de la propre substance de sa chair et son sang, faisoient voir qu'ils croyoient plus qu'ils ne disoient.

Dans quelques ouvrages que j'avois fait imprimer dans les Païs étrangers, j'avois déjà expliqué le sens, non-seulement spirituel, mais encore mystique, de ces paroles de l'Écriture : il faut manger ma chair et boire mon sang ; la coupe de bénédiction que nous bénissons n'est-elle pas la communion du sang de Christ ? le pain que nous rompons, n'est-il pas la communion du corps de Christ ? Et ces écrits ont été en édification dans toute l'Europe, et même parmi nos frères de la Confession d'Augsbourg. Mais il me semble que Dieu m'a fait la grâce de mettre encore ce même mystère dans une plus grande évidence dans mes Sermons de Communion, et dans l'autre ouvrage dont je vous parlerai dans la suite, s'il plait au Seigneur.

On pourra voir encore dans tous ces Sermons que je ne parle que les paroles de Dieu ; que Dieu me fait la grâce de mettre aussi partout la vérité dans une telle évidence, que les plus idiots et les plus habiles en sont également convaincus ; que je rejette entièrement les citations des anciens Docteurs, qu'on appelle abusivement les Pères de l'Église, et qui, au contraire, ont été les Pères de la Tradition, de l'erreur, de la superstition, de l'idolâtrie, et du régime tyrannique, qui ont entièrement défiguré la Religion de Jésus-Christ.

On verra aussi que je rejette tous les vains ornemens de l'éloquence et de la sagesse du siècle, qui consiste à mêler dans la prédication de l'Évangile quelque trait de l'histoire profane, ou quelque point de philosophie, ou des autres sciences humaines, afin de paroître savant. Ce qui me paroît un pur abus du S. Ministère ; car cet impur mélange, d'un côté, fait juger que celui qui parle cherche plutôt sa vaine gloire que la gloire de son Maître et le salut de ses Élus, et de l'autre, corrompt la Parole de Dieu et lui fait perdre son efficace ; le peuple s'accoutumant même par ce moyen à chercher dans la prédication de cette divine parole ces vains ornemens de la sagesse du siècle qui chatouillent l'oreille et qui éteignent la solide piété.

L'autre ouvrage que Dieu m'a fait la grâce de composer dans les déserts, au milieu des flammes de cette horrible persécution, et qui à certain égard me paroît encore plus important que les autres, c'est un *Traité sur l'infidélité de la traduction du Nouveau Testament, faite par l'ordre du Clergé de France, et par le ministère du S. Amelote, Prêtre de l'Oratoire et docteur en Théologie*, imprimée à Paris avec privilége du Roy, en l'année 1686, et dont on a fait faire une infinité d'exemplaires qui ont été répandus dans tout le Royaume, et distribuez principalement à ceux qu'on appeloit nouveaux convertis. Cette traduction, comme vous pourrez l'avoir déjà remarqué, si vous l'avez vue, est conçuë en de très-beaux termes. Dans une infinité de passages qui n'ont pas choqué ces Messieurs, et principalement dans les Épîtres des Apôtres, ils ont fort bien exprimé ce que le Saint-Esprit a voulu nous dire, et qui souvent n'est pas bien dévelopé dans nos versions; d'un autre côté, dans une grande préface qu'ils ont mis à la tête de leur Édition en deux tomes, ils font dire au Sieur Amelote qu'il a ramassé tous les vieux manuscrits Grecs du Nouveau Testament qu'on a pu trouver dans toute l'Europe et dans l'Orient, et que dans tous les passages importans où le Grec vulgaire s'éloigne de la Vulgate, la Vulgate se trouve conforme à ces anciens et vénérables manuscrits.

De sorte que ces Messieurs tirent de là cette conséquence que nos versions ont été faites sur un faux original, et ils triomphent là-dessus d'une manière qui ne peut qu'endurcir extrêmement les Catholiques Romains, et faire même beaucoup de peine à tous ceux de notre Communion à qui Dieu n'a pas donné de très-grandes lumières. Mais dans le Traité que Dieu m'a fait la grâce de faire là-dessus, et que j'ai envoyé en Cour, je fais voir manifestement l'impureté de la Vulgate, l'inutilité de tous ces anciens manuscrits Grecs à l'égard des erreurs, des superstitions, de l'idolâtrie et du Régime tyrannique qui ont lieu dans l'Église Romaine, et la divinité de l'Original que nous avons et qu'on appelle le Grec Vulgaire.

Je fais voir aussi d'une manière évidente et incontestable, et par la Vulgate même, et par l'original Grec que nous avons, qui est entre les mains de tous les Chrétiens que les Réformateurs ont trouvé dans l'Église chrétienne, et dont l'Église Romaine a été elle-même la dépositaire, comme l'Église Judaïque a été la dépositaire de l'original Hébreu de l'Ancien Testament qui la condamne; et par un très-grand nombre d'autres passages des divines Ecritures, que je rapporte pour l'intelligence des passages contestez, que ces faux Pasteurs, ces infidèles ministres de la Parole de Dieu, ont sciemment et malicieusement obscurci et falsifié plus de deux cents passages importants du Nouveau Testament, pour cacher la vérité aux yeux du peuple, et pour faire même trouver dans la Parole de Dieu les erreurs, les superstitions, l'idolâtrie et le régime Anti-Chrétien et tyrannique qui ont lieu dans la Communion Romaine.

De sorte que j'ose dire qu'on ne sauroit jamais peut-être faire voir d'une manière plus naturelle, plus évidente et plus forte que Dieu m'a fait la grâce de le faire dans ce Traité, que ce sont des pasteurs infidèles qui n'ont pas la crainte de Dieu; que ce sont les ministres de l'erreur et du mensonge, les ennemis de la vérité et du salut des hommes.

La nécessité m'a contraint, mon cher Monsieur, d'entrer un peu dans le détail de ces deux derniers ouvrages , car j'ai le déplaisir de ne pouvoir pas les faire imprimer pour l'édification publique, et en l'état où je suis, j'ai besoin de quelques personnes éclairées et pieuses qui me tendent la main pour m'aider à le faire. Je ne vous dis rien de celui que Je vous envoye, parce que je suis persuadé que la seule table des chapitres vous fera juger qu'il seroit à souhaitter qu'il fût déjà imprimé.

Si M. Ritter souhaitte d'imprimer ces trois ouvrages, ou d'en imprimer un ou deux seulement , vous m'obligeriez beaucoup, mon cher Monsieur, d'avoir la bonté de régler vous-même avec lui le nombre des exemplaires que vous jugerez à propos qu'il me donne et que je pourrois distribuer moi-même pour l'édification de ceux qui en ont besoin, en France ou ailleurs. S'il ne veut pas se charger de cette impression, je souhaitterois bien de trouver le moyen de les envoyer en Hollande, où l'on se feroit un grand plaisir de les imprimer. Je vous demande pardon, mon cher Monsieur, de la liberté que je prends de vous entretenir de toutes ces choses, et je vous prie d'être persuadé que je suis avec un profond respect, mon très cher Monsieur et très honoré frère,

Vôtre très humble et très obéissant serviteur.

Claude Brousson,
Par la grâce de Dieu fidèle Ministre de sa Parole.

VII.

Lettre d'un serviteur de Dieu à l'Église de Dieu qui est sous la croix. — *Sur le pouvoir d'administrer les sacremens* [1].

Mes frères bien aimés en Jésus-Christ Notre-Seigneur.

Il y a déjà plus de dix ans que dans ce royaume les enfans demeurent sans Baptême ou sont consacrez aux idoles, et par ce moyen aux démons, et que tout le peuple y est privé de la consolation de participer régulièrement à la cène du Seigneur, qui est le sceau de la rémission de nos péchez et le gage de nôtre salut. Ce n'est pas ainsi, mes chers frères, que le peuple de Dieu doit vivre. Si Dieu permettoit que son Église fût encore persécutée durant vingt ou trente années, comme dans le siècle passé, faudroit-il qu'elle demeurât toujours dans ce désordre ? Non, sans doute ! Il faut, dans le besoin, recourir aux moyens que Dieu nous donne pour pourvoir à notre éducation.

Vous devez remarquer que l'article 31 de la Confession de foi des Églises de France est conçu en ces termes : *Nous croyons que personne ne doit s'ingérer de son autorité propre pour gouverner l'Église, mais que cela se doit faire par élection, autant que faire se peut et que Dieu le permet. Laquelle exception nous ajoutons notamment parce qu'il a falu quelquefois, et même de notre tems, auquel l'état de l'Église étoit interrompu, que Dieu ait suscité des gens d'une façon extraordinaire, pour dresser de nouveau l'Église qui étoit en ruine et désolation.*

Dans cet article, les Églises de France remarquent deux choses : la première, qu'*autant qu'il se peut*, ceux qui doivent *gouverner l'Église* c'est-à-dire les Pasteurs et les Anciens, doi-

---

[1] Archives de Montpellier, c. 191.

vent être établis *par élection,* c'est-à-dire qu'ils doivent être choisis par l'assemblée des fidèles au milieu desquels ils doivent exercer leurs saintes charges ; et en effet, une Église ne seroit pas édifiée par des personnes qu'elle n'approuveroit point. C'est pourquoi les chefs de famille de chaque Église doivent choisir ceux qu'ils jugent les plus propres pour conduire l'Église, pour l'instruire, pour la consoler, pour la fortifier et pour l'édifier, tant par leur exemple que par leur parole, comme nous l'avons déjà dit dans notre précédente lettre à l'égard des Anciens.

C'est aussi pour cela que saint Paul et ceux qui l'accompagnoient *établissoient des Anciens dans chaque Église, par l'avis ou le suffrage de l'assemblée* (Actes, ch. xv, 23), c'est-à-dire par le choix de l'assemblée, les Pasteurs étant eux-mêmes appellez *Anciens* dans ce passage, aussi bien que ceux qui ont part avec eux au gouvernement de l'Église, et qui pourtant ne prêchent pas publiquement l'Évangile ; ce que nous voyons aussi dans la Ire à Timothée, ch. v, 18, et dans le livre des Actes, ch. xx, 17 et 28. Nous avons encore remarqué dans notre précédente lettre que le terme de l'original signifie « le plus vieux », pour nous marquer que pour gouverner l'Église de Dieu il faut choisir les plus modestes, les plus graves, les plus vénérables, ceux qui ont en même tems le plus de connoissance, le plus de prudence, le plus de piété, le plus de fermeté, et le plus de pureté et d'intégrité dans les mœurs, ce qui, d'ordinaire, est le partage des plus anciens. Or, lorsqu'un Pasteur a été choisi par une Église, il faut que les autres Pasteurs, s'il y en a plusieurs, l'installent dans le Saint Ministère par l'imposition des mains : (I Timoth., ch. iv, 14), ou qu'un seul les lui impose, s'il n'y en a qu'un seul. (Tit., ch. i, 5 et I Timoth., ch. v, 22). Mais s'il n'y a point d'autre Pasteur pour lui imposer les mains, sa vocation ne laisse pas d'être légitime, comme nous le verrons dans la suite, s'il plaît au Seigneur.

La seconde chose qui est dite dans cet article, c'est que *lorsque l'état de l'Église a été interrompu, Dieu suscite des gens d'une façon extraordinaire pour dresser de nouveau l'Église qui étoit en ruine et désolation.* En effet, lorsque les Pasteurs de l'Église d'Israël et de Juda furent tombez dans l'idolâtrie, Dieu suscita extraordinairement les prophètes pour travailler au salut du peuple. Dans la suite, lorsque les Pasteurs de l'Église judaïque furent devenus mondains et profanes, et qu'ils fermèrent le Royaume des cieux au-devant des hommes, Dieu suscita encore de nouveaux Pasteurs, qui furent les Apôtres, Apollos, les fidèles dispersez et plusieurs autres.

La même chose est arrivée dans l'Église chrétienne, de laquelle l'Église d'Israël a été le type ; car lorsque les Pasteurs ont aussi été plongez dans l'idolatrie, Dieu a suscité de nouveaux ministres de l'Évangile, savoir les réformateurs, dont la plupart, et particulièrement en France, à Genève, en Suisse et en Hollande, n'avoient aucune vocation ordinaire, mais qui avoient pourtant une bonne vocation de son sceau , par la merveilleuse efficace qu'il donna à leur ministère. Ce qui est le même sceau dont il marqua autrefois l'apostolat extraordinaire de saint Paul : car ce saint Apôtre disoit aux Corinthiens, *qu'ils étoient eux-mêmes le sceau de son apostolat au Seigneur* (I Corinth., ch. ix, 2), c'est-à-dire que leur conversion étoit une preuve authentique que sa mission étoit céleste et divine, puisque le Seigneur s'étoit servi de son ministère pour leur donner la connoissance de la vérité et pour les convertir.

Enfin en ce dernier tems, lorsque l'Église de Dieu a été désolée dans toute l'étendue de ce royaume, qu'on y a fermé le royaume des cieux au-devant des hommes et que la plupart des mêmes Pasteurs n'ont pas eu assez de zèle pour l'avancement du règne de Dieu, Dieu y a extraordinairement suscité un grand nombre de fidèles serviteurs, dont plusieurs ont été des personnes viles et méprisables aux yeux de la chair, mais qu'il a fortifiées par son Esprit et qui ont travaillé avec un grand fruit à ramener le peuple dans la droite voye, à le consoler, et à le fortifier en la foi.

Lors donc que Dieu scelle le ministère extraordinaire de

ces nouveaux Pasteurs par l'efficace qu'il lui donne ; lorsque leur ministère est accompagné d'une vie pure et sans reproche, que le peuple en est édifié, qu'il l'approuve, et qu'il consent et souhaitte même que ces nouveaux Pasteurs lui administrent les sacremens, il n'y a point de doute qu'ils ne puissent le faire, c'est ce qui a toujours été pratiqué, depuis la désolation de nos Églises, dans la partie méridionale de France ; ce qui est un grand sujet de consolation pour tous les fidèles de l'Europe. En effet, d'un côté, c'est *Dieu lui-même qui pousse des ouvriers dans sa moisson* (Luc, ch. x, 2); qui fait même *crier les pierres* lorsque les ministres ordinaires de sa parole *se sont tus* (Luc, ch. xix, 40) ; et qu'il *baille sa vigne à d'autres*, lorsque les vignerons ne s'acquittent pas de leur devoir (Marc, ch. xii, 9). De l'autre, le droit de *choisir* et d'appeler les Pasteurs, quant aux hommes, appartient à l'assemblée des fidèles au milieu desquels ces Pasteurs doivent exercer leur ministère. C'est pourquoi les Apôtres, comme nous l'avons déjà remarqué, n'établissoient les Pasteurs que par le suffrage des assemblées, c'est-à-dire par leur choix.

C'est ce qui est confirmé par plusieurs autres témoignages des divines Écritures. I Dans le livre des Actes, ch. vi, 1 et suivans, il est dit que lorsque le nombre des disciples se multiplia, et que les Apôtres ne pouvoient pas suffire pour prêcher l'Évangile, et pour servir encore *aux tables*, ce qui comprenoit l'administration de la Sainte Cène, comme nous le voyons dans le livre des Actes, ch. i, 42 et 46, et ch. xx, 7 et 11, et dans la Ire aux Corinth., ch. ii, 21, ils disent à l'assemblée des fidèles de *choisir eux-mêmes sept hommes qui eussent un bon témoignage et qui fussent pleins du Saint-Esprit et de sapience*, c'est-à-dire qui eussent la connoissance de la doctrine du salut, et qui peussent édifier l'Église par une vie pure, sainte et sans reproche ; afin que les Apôtres leur commissent le soin de faire ces saintes fonctions. L'assemblée des fidèles ayant donc choisi Estienne, Philippe, Procore, Nicanor, Timon, Parmenas et Nicolas, *ils les pré-*

sentèrent devant les Apôtres, lesquels, après avoir prié, leur imposèrent les mains. Où nous voyons que l'assemblée des fidèles a le droit de choisir et d'appeler les Pasteurs, l'imposition des mains n'étant que l'installation dans une charge à laquelle l'Église les a déjà appellez.

II. Dans l'ancienne alliance, le sacrificateur qui offroit à Dieu le sacrifice pour le péché étoit à cet égard le type de Jésus-Christ, et alors les autres *lévites, que Dieu avoit séparés de l'assemblée, les faisant approcher de soi, pour être employez au service du pavillon de l'Éternel, et pour assister devant l'assemblée pour le servir,* comme il est dit dans le livre des Nombres, ch. xvi, 9, étoient les types des Pasteurs de la nouvelle alliance, que Dieu a aussi séparez de l'assemblée des autres fidèles, et les a fait approcher de soi, afin qu'ils soient employez au service de son pavillon mystique, qui est son Église ; et qu'ils assistent devant l'assemblée pour le servir. Or, nous voyons que lorsqu'il falut faire la consécration des lévites, Dieu ordonna que *les enfans d'Israël posassent les mains sur eux, et qu'Aron,* qui étoit le type de Jésus-Christ, *les présentât en offrande devant l'Éternel, de la part des enfans d'Israël, afin qu'ils fussent employez au service de l'Éternel* (Nomb., ch. viii, 10 et 11). Ce qui nous fait voir bien clairement que c'est l'assemblée des fidèles qui donne la vocation à ceux qui doivent faire le service divin dans l'Église ; et qu'alors Jésus-Christ, nôtre Aron mystique, en fait la véritable consécration..... (mots illisibles)..... de tous les fidèles, en leur donnant son Saint-Esprit. Et III, dans Ézéchiel, ch. ii, 3, Dieu parle en ces termes : *Lorsque je ferai venir l'épée sur quelque païs, et que le peuple du païs aura choisi quelqu'un d'entre eux, et l'auront établi pour leur servir de guette ; et que lui voyant venir l'épée sur le païs, aura sonné du cornet et aura averti le peuple,* il ne sera point coupable. Où nous voyons encore que dans un tems de calamité et de nécessité, le peuple a le droit d'*établir des guettes.* Ce qui ne doit pas seulement être entendu des guettes temporelles et séculières, mais aussi des guettes spirituelles et ecclésiastiques, qui sont les Pasteurs ; car les Pasteurs sont les *guettes* de l'Église (Ézéchiel, ch. iii, 17 ; Esaïe, ch. lvi, 10).

Lors donc qu'une Église se trouve privée de Pasteur, et qu'elle demeure sans édification, il n'y a point de doute qu'elle ne puisse et ne doive, non-seulement établir des anciens et des diacres en la manière que nous l'avons marqué en notre précédente lettre, mais encore faire choix de quelqu'un des anciens, ou de quelque autre qu'elle jugera le plus propre pour l'édifier par la lecture de la Parole de Dieu, par des instructions, des exhortations et des remontrances selon cette divine Parole, par des prières publiques, et par une vie sans reproche, et pour administrer le Baptême et la Sainte Cène.

Ce fut aussi ce que les Églises de Boème pratiquèrent environ cent ans avant la Réformation, lorsqu'elles se trouvèrent privées de Pasteurs, comme le remarque Concius sur le Cantique des Cantiques ; et ce fut par ce moyen que Dieu les conserva jusqu'au tems de la Réformation, et jusqu'à leur dispersion, qui est arrivée dans ce siècle.

Il est vrai que les Pasteurs qui dans les cas extraordinaires sont ainsi établis par la seule assemblée des fidèles, n'ont pas reçu l'imposition des mains par le ministère d'autres Pasteurs. Mais la grâce de Dieu n'est pas tellement attachée à cette cérémonie extérieure que Dieu ne puisse la conférer sans cette cérémonie. Le Baptême et la Sainte Cène sont d'excellens signes de la grâce du Saint-Esprit, et en effet il est dit *que nous avons été baptisez du Saint-Esprit, et abreuvez du Saint-Esprit* (I Corint., ch. xii, 13), c'est-à-dire que l'eau avec laquelle nous avons été baptisez est le signe du Saint-Esprit qui les vivifie, les fortifie, les console, les nourrit et les fait croître en toutes sortes de vertus chrétiennes. Cependant la grâce du Saint-Esprit n'est pas tellement attachée à ces signes visibles que Dieu ne puisse nous la communiquer sans ces signes : et en effet le Saint-Esprit descendit sur tous ceux qui étoient dans la maison de Corneille, avant qu'ils eussent été baptisez (Actes, ch. x, 44 et 48). Le voleur qui se convertit sur la croix reçut aussi la grâce céleste et fut sauvé, sans avoir reçu le baptême.

L'imposition des mains est aussi un signe de la descente de la vertu d'en haut, c'est-à-dire du Saint-Esprit sur ceux que Dieu appelle au Saint Ministère ; mais cette grâce céleste n'est pas non plus tellement attachée à ce signe visible, que Dieu ne puisse communiquer sans ce signe. Jésus-Christ et ses Apôtres guérissoient les malades en leur imposant les mains, mais ils les guérissoient aussi sans cela. Nous ne voyons pas même que lorsque nôtre Seigneur envoya ses douze Apôtres prêcher l'Évangile, ni lorsqu'il envoya ensuite soixante-dix autres disciples pour le même sujet, il leur imposât les mains. Cependant on ne peut pas douter qu'il ne leur donnât son Saint-Esprit pour le grand emploi auquel il les appelloit. Apollos, les fidèles dispersez, dont il est parlé dans le chap. viii du Livre des Actes, et plusieurs autres, qui furent alors extraordinairement suscitez pour annoncer l'Évangile, n'avoient pas non plus reçu l'imposition des mains, mais ils avoient reçu la vertu du Saint-Esprit, que l'imposition des mains représente. Ils n'avoient pas reçu l'imposition des mains des hommes, mais *la main du Seigneur étoit sur eux*, comme il est dit dans le Livre des Actes, chap. xi, 21. Les Prophètes n'avoient pas non plus reçu l'imposition des mains des hommes, mais *la main de l'Éternel étoit sur eux* (Ezéchiel, ch. i, 3 ; I Rois, chap. xiii, 4 et II Rois, chap. iii, 15). Les réformateurs que Dieu suscita extraordinairement en France, à Genève, en Suisse, en Hollande, et ailleurs, n'avoient pas non plus reçu l'imposition des mains des hommes, mais la main du Seigneur étoit aussi sur eux, et c'est là la bonne imposition des mains.

D'un autre côté, il n'est pas absolument nécessaire que ceux qui seront ainsi choisis pour Pasteurs entendent les langues, puisque la Providence divine a déjà fait traduire les divines Écritures en une langue qui leur est connue. Il n'est pas nécessaire non plus qu'ils soient philosophes ; au contraire, il seroit à souhaiter que tous les ministres de l'Évangile reconnussent bien que c'est la philosophie qui en a toujours jetté et en jette encore plusieurs dans des erreurs pernicieuses. La philosophie, lorsque par ses frivoles raisonnemens elle s'élève au-dessus de la souveraine autorité de la Parole de Dieu, comme elle fait encore en ce dernier tems, est *la science faussement ainsi appelée*, dont parle saint Paul, *et de laquelle quelques-uns faisant profession, se sont dévoyez de la foi* (I Timoth., ch. vi, 20 et 21 ; Col., chap. ii, 8). Il n'est pas nécessaire non plus qu'ils soient des orateurs éloquens, ni qu'ils soient versez dans les histoires et les lettres humaines, car d'un côté, saint Paul nous dit qu'il ne nous a pas annoncé l'Évangile *avec excellence de bien parler, avec les paroles attrayantes que la sapience humaine enseigne*, mais avec simplicité (I Corinth., ch. ii, 1 et 4), et de l'autre, quoiqu'il eût appris les lettres humaines avant sa conversion, il faisoit profession *de ne connoître que Jésus-Christ, et Jésus-Christ crucifié* (I Corinth., ch. ii, 2).

Il suffit que les ministres de l'Évangile aient la crainte du Seigneur, que leur vie soit pure et sainte, qu'ils aient du zèle pour la gloire de Dieu et pour l'avancement de son règne ; qu'ils soient propres pour instruire leurs frères, avec un esprit de douceur et de charité, et qu'ils connoissent le salut que nous avons en Jésus-Christ.

I. Il faut qu'ils sachent qu'il y a un seul Dieu en trois personnes, le Père, le Fils et le Saint-Esprit ; car, comme dit saint Jean, *il y en a trois qui rendent témoignage au Ciel, le Père, la Parole*, qui est Dieu le Fils, *et le Saint-Esprit ; et ces trois en font un* (I Jean, ch. v, 7). C'est pourquoi nous sommes baptisez au nom du Père, et du Fils, et du Saint-Esprit, comme étant un seul et même Dieu en trois personnes.

II. Qu'ils sachent que nous ne devons croire qu'en ce seul Dieu, Père, Fils et Saint-Esprit, c'est-à-dire, que nous ne devons attendre notre salut que de la miséricorde de Dieu le Père, de la rédemption que nous avons en Jésus-Christ son Fils, qui a souffert la mort pour expier nos péchez, et nous délivrer des flammes éternelles de l'enfer, dont ils nous rendoient dignes ; et qui a rendu une parfaite obéissance à la loi de Dieu son Père, pour nous acquérir la gloire et la félicité du Ciel, où il intercède maintenant pour nous ; et de la salutaire efficace du Saint-Esprit, qui opère intérieurement dans nos âmes, qui nous donne l'intelligence des mystères célestes, qui nous régénère, qui nous sanctifie, qui nous console, qui nous fortifie, qui nous unit à Jésus-Christ, qui par là nous fait ses membres mystiques, qui nous fait aussi enfans de Dieu, et qui est l'arrhe de notre héritage céleste ; de sorte que nos corps sont les temples de ce divin esprit.

III. Qu'ils sachent que la Parole de Dieu est l'unique règle de notre foi et de notre culte, et que nous devons la lire et la méditer avec soin pour nous instruire de plus en plus dans les voies du Seigneur.

IV. Qu'ils sachent que nous ne devons adorer, servir et invoquer que ce grand Dieu, que nous devons l'adorer en esprit et en vérité, et que nous ne devons prier le Père qu'au seul nom de Jésus-Christ son Fils.

V. Qu'ils sachent que Jésus-Christ est l'unique époux et l'unique chef de son Église, son seul souverain sacrificateur, seul monarque universel, son seul législateur, son seul médiateur, intercesseur, patron ou avocat dans le Ciel, auquel nous devons avoir tout notre recours pour être réconciliez avec Dieu son Père, que sa mort est le seul sacrifice qui..... (mots rendus illisibles)... et que son sang est notre vrai purgatoire.

VI. Qu'ils sachent que Dieu ne veut pas pour son peuple des personnes mondaines, injustes, impures et profanes ; qu'il veut que nous soyons saints comme il est lui-même saint. Que si nous voulons être son peuple et obtenir sa bénédiction, il faut que nous obéissions à ses saints commandemens : qui nous enseignent à n'avoir point d'autre Dieu que lui, c'est-à-dire à n'adorer et servir que lui ; à ne pas nous prosterner devant les images ; à ne pas prendre le saint Nom de Dieu en vain ; à sanctifier le jour du repos en l'employant aux exercices de la piété ; à obéir à nos supérieurs dans toutes les choses qui ne sont pas contraires aux commandemens de Dieu ; à ne point offenser nos prochains, à n'avoir pas même de la haine contre eux ; à ne souiller nos corps, ni par l'impudicité, ni par la gourmandise, ni par l'ivrognerie, puisqu'ils sont les temples du Saint-Esprit ; à ne pas retenir le bien d'autrui ni à n'en pas acquérir par des fraudes, des tromperies, des injustices, ou d'autres mauvaises voyes ; à ne rien dire non plus qui puisse faire du tort à nos prochains ; à ne souhaitter aucune chose qui leur appartienne, mais à nous contenter de ce qu'il a plu à Dieu nous donner ; en un mot à aimer Dieu au-dessus de toutes choses , et plus que notre propre vie ; à aimer nos prochains comme nous-mêmes, et à leur faire tout ce que nous voudrions qu'on nous fît aussi, si nous étions en leur place.

VII. Et enfin, qu'ils sachent que dans l'Église chrétienne il y a deux sacremens qui sont les signes, les sceaux et les mémoriaux de la nouvelle alliance, c'est-à-dire, du salut que nous avons en Jésus-Christ, savoir : le baptême et la S. Cène. Que l'eau qui est versée sur nous dans le baptême au nom du Père, et du Fils, et du Saint-Esprit, et avec laquelle nous avons accoutumé de laver les ordures de nos corps, nous représente le sang de Jésus-Christ, qui nous lave de tous nos péchez ; et son Saint-Esprit, qui nous sanctifie. Que le pain qui est rompu dans la S. Cène nous représente le corps de Jésus-Christ, qui a été rompu et crucifié pour nous. Que le vin qui est versé dans la coupe nous représente son sang, qui a été répandu sur la croix pour la rémission de nos péchez , et son Saint-Esprit, qui vivifie nos âmes, qui les fortifie et qui les console ; que comme ce pain et ce vin sont la nourriture de nos corps, Jésus-Christ lui-même est le pain de vie qui nous fait vivre éternellement. Qu'ainsi, lorsque de la bouche du corps nous mangeons ce pain et beuvons ce vin, il faut que par la foi, qui est la bouche de nos âmes, nous recevions Jésus-Christ lui-même comme le Sauveur du monde, c'est-à-dire qu'il faut que nos âmes s'unissent à lui par une ferme et

vive foi comme à leur Sauveur, afin qu'il s'unisse lui-même
à nous par son Saint-Esprit, pour nous faire participans de
son salut, qu'il habite en nous et vive en nous par ce divin
Esprit, qui est l'esprit de Christ; qu'en même tems ces sacrez
signes et mémoriaux du corps et du sang de notre Seigneur
sont les sceaux de l'alliance de Dieu et de la rémission des
péchez, les gages de l'amour de Dieu, de l'inéfable charité de
notre Sauveur envers nous, et du salut qu'il nous acquit par
son obéissance et par sa mort. Et qu'en effet ces sacrez signes,
ces sceaux et ces gages de notre salut, sont accompagnez
d'une particulière efficace du Saint-Esprit, qui nous unit
étroitement à notre Sauveur, qui scelle dans nos cœurs le
pardon de tous nos péchez, qui nous donne le sentiment de
l'amour, de la grâce et de la paix de Dieu, et qui nous remplit de ses grâces et de ses consolations. Voilà les choses qu'il
est nécessaire de savoir et de méditer sans cesse.

Il suffit donc que ceux qui en ce tems de désolation seront
établis Pasteurs fassent, sur les points dont nous venons de
parler, des remontrances et des exhortations familières aux
autres fidèles, selon le besoin qu'ils connoitront qu'ils en auront ; qu'ils leur fassent aussi remarquer, en lisant la Parole
de Dieu, les passages qui peuvent servir à leur instruction,
à leur consolation et à leur sanctification ; qu'ils leur fassent
bien considérer surtout les commandemens de Dieu, en leur
faisant la lecture ; qu'ils mêlent de tems en tems le chant des
louanges de Dieu avec la lecture de sa Parole ; qu'ils lisent
aussi quelque sermon, s'ils en ont ; et qu'ils lisent encore
quelque sermon ducatéchisme, faisant remarquer sur chaque
article les choses qui y sont renseignées, les faisant comprendre aux jeunes gens, et à ceux qui ne savent pas lire, et
interrogeant ensuite doucement les uns et les autres pour
voir s'ils les auront comprises.

Pour cet effet, il faut qu'ils s'appliquent eux-mêmes soigneusement à la lecture et à la méditation des divines Écritures, et qu'ils demandent sans cesse à Dieu les dons et les
grâces de son Saint-Esprit, car ce sera par ce moyen que

Dieu les mettra en état d'édifier son Église, de consoler les affligez, d'instruire les ignorans, de fortifier les faibles, de reprendre les déréglez, et de rejetter les impénitens et les rebelles.

Si dans la suite il plait au Seigneur de ramener et rétablir les Pasteurs réfugiez, les uns et les autres pourront travailler à l'édification de son Église, chacun selon le talent qu'il aura reçu du Seigneur.

Au reste, pour procéder à l'élection de celui ou de ceux qui devront s'appliquer d'une façon particulière à l'instruction du peuple, et administrer les sacremens, il faudra que tous les fidèles s'assemblent, et principalement les anciens, et les autres chefs de famille, qui sont ceux qui doivent faire ce choix avec les anciens ; qu'ils s'assemblent même avec jeûne ; s'il se peut, qu'on lise les mêmes chapitres des divines Écritures au sujet de l'élection des anciens.

Il faudra aussi qu'on lise à genoux les mêmes pseaumes en prose, et qu'à la fin du dernier on ajoute : « Et puis, ô notre bon Dieu, que par ta grande miséricorde nous sommes ici assemblez au nom de ton saint Fils Jésus, pour procéder à l'élection de celui qui doit paître ton peuple de ta Parole, et lui administrer les sacremens de ton alliance ; nous te prions de présider toi-même au milieu de nous par ton Saint-Esprit, de nous inspirer toi-même le choix que nous devons faire de celui qui est le plus propre pour faire ces saintes fonctions, pour consoler ton Église et pour l'édifier par une vie sans reproche. Afin, Seigneur, que choisissant un homme selon ton cœur, le tout réussisse à ta propre gloire, à l'avancement de ton règne, au salut et à la consolation de ton peuple. Exauce-nous, ô notre bon Dieu et notre bon Père, pour l'amour de ton cher Fils notre Sauveur, au nom duquel nous te demandons toutes ces grâces, et t'invoquons, ainsi, etc. »

Après l'élection, l'un des anciens, au nom de tous les autres anciens et de toute l'assemblée des fidèles, rendra grâces à Dieu, et le priera de donner son Saint-Esprit à celui qui aura été élu. Pour cet effet, il poura parler en ces termes ou autres semblables.

Action de grâces et Prière après le choix d'un Pasteur.

« Éternel, notre bon Dieu et notre bon Père céleste, nous te rendons nos très humbles actions de grâces pour l'assistance qu'il t'a plû nous accorder dans l'élection de celui qui doit paître ton Église de ta parole, et lui administrer les sacremens de ton alliance. Que ton saint Nom soit à jamais béni, ô notre bon Dieu, de ce qu'au milieu de tant de désolation, et nonobstant notre indignité, tu daignes encore pourvoir à nôtre édification et à nôtre consolation. Maintenant, Seigneur, nous te supplions très-humblement de remplir de ton Saint-Esprit ce tien serviteur que nous avons élu pour Pasteur et Ministre de ta Parole, qui est ici humilié avec nous au pied de ton trône, que nous te présentons et consacrons avec toute humilité, et qui se consacre lui-même à ton service et à ta gloire. O Seigneur notre bon Dieu, qui est suffisant pour une œuvre si sainte et si excellente ? Ton serviteur que tu 'as daigné appeler par la bouche de ton Église reconnoit sa propre foiblesse. Mais il te supplie et nous te supplions très humblement avec lui d'accomplir ta vertu dans son infirmité, de lui donner une double portion de ton Esprit, de purifier son cœur et ses lèvres, de le détacher du monde, de l'enflammer de ton amour, d'un saint zèle pour ta gloire, et d'une sincère et ardente charité pour ton peuple, d'ouvrir toi-même ses lèvres, afin que sa bouche annonce ta louange, de mettre toi-même tes paroles dans sa bouche, de ne permettre point que la parole de vérité s'en éloigne jamais, et de lui faire pour cet effet la grâce de s'appliquer soigneusement à la lecture et à la méditation de tes sacrées Écritures, afin que croissant sans cesse en connoissance, en foi, en espérance et en charité, il s'acquitte de mieux en mieux de tous les devoirs d'un fidèle évangéliste. Fais, Seigneur que toutes ses pensées, toutes ses paroles et toutes ses actions tendent à ta propre gloire, l'avancement de ton règne, à l'édification et au salut de ton peuple. Afin qu'après qu'il aura travaillé fidèlement à ton œuvre durant tout le cours de sa vie, un jour il reçoive la couronne de justice et de gloire que tu as promis à tes fidèles serviteurs.

»Nous te supplions aussi, ô notre bon Dieu, de nous faire la grâce à nous tous, et à tout ton peuple, de le regarder et respecter comme ton ambassadeur, et de recevoir avec humilité et obéissance de foi ta parole, lorsqu'elle nous sera annoncée par sa bouche. Nous te prions en même tems, Seigneur, de bénir son ministère et de l'accompagner pour cet effet de la salutaire efficace de ton Saint-Esprit, afin que ton Église en soit de plus en plus édifiée et que ton règne en soit de plus en plus avancé. Exauce-nous, ô notre bon Dieu et notre bon Père, pour l'amour de ton cher Fils notre Sauveur, car c'est en son nom que nous te demandons toutes ces grâces, et que nous t'invoquons ainsi, etc. »

Il faudra chanter pour la fin les deux dernières pauses du pseaume 102 et donner la bénédiction.

En attendant que le Seigneur fortifie ceux qui doivent faire les fonctions de Pasteurs, chaque Église doit incessamment établir des anciens pour la conduire et pour présider dans les saintes assemblées; et lorsque Dieu aura fait la grâce à quelqu'un d'entre eux ou à quelque autre de le fortifier, l'Église pourra lui donner le pouvoir d'administrer les sacremens. Il importe pourtant que dans chaque Église, ou du moins dans chaque contrée, on donne bientôt ce pouvoir à quelqu'un, afin que les enfans soient baptisez, et que le peuple ait de tems en tems la consolation de participer à la Sainte Cène. Mais il faut que celui qui sera choisi soit sans reproche.

La miséricorde de Dieu le Père, l'amour et la grâce de Jésus-Christ notre Sauveur, les lumières, la sainteté, la force et les consolations du Saint-Esprit, vous soient abondamment communiquées. *Amen.*

Ceux entre les mains de qui cette lettre tombera, son exhortez, au nom du Seigneur, à la lire ou faire lire dans l'assemblée des fidèles, et chaque Église est aussi exhortée, au nom du Seigneur, à la communiquer aux autres Églises voisines, et à en faire pour cet effet des copies exactes et bien lisibles. Il est nécessaire que cette lettre soit luë de tems en tems dans chaque Église jusqu'à ce qu'elle ait trouvé le moyen d'exécuter les choses qui y sont marquées pour son édification.

Paraphé ne varietur,
Pinon.

N° VIII [1].

Le 1er d'avril 1697.

Messieurs et très-honorez Frères,

Monsieur le marquis de Perai et monsieur de Beringhen ont pris la peine de me faire savoir, et une Gazette flamande en a même fait mention, que quelques Réfugiez que nous ne connoissons pas encore, et que nous soupçonnons être plusieurs de ceux qui sont dans l'autre Société, et qui en sont comme la tête, ont fait une Requête pour être envoyée au Roi de France, par laquelle ils lui demandent notre rétablissement sans l'intervention des Puissances Protestantes, qui seules après Dieu peuvent rendre ferme et inébranlable ce qui nous sera accordé.

On assure que c'est un expédient inspiré par Monsieur de Calière, l'un des Plénipotentiaires de France. Mais une triste et funeste expérience doit nous faire défier de semblables expédients, d'autant plus qu'on croit qu'il y a quatre Jésuites à la suite de ces messieurs. Jugez, si cela est, ce qu'on peut attendre d'une telle négociation.

[1] Manuscrits Court ; tom. XV.

Et afin que vous soyez bien persuadez, Messieurs et très-honorez Frères, qu'il y a de la réalité en tout ceci, c'est que nous sommes informez de bonne part que déjà on avoit engagé plusieurs Pasteurs en Angleterre dans quelque accommodement particulier ; et qu'il a fallu que le R. lui-même, par la bouche de milord Gal., leur ait fait défendre de parler ni d'écrire sur cette matière.

Tout cela veut dire, Messieurs et très-honorez Frères, que nous devons nous tenir sur nos gardes, mais en même tems cela nous donne lieu de faire une réflexion importante : c'est que les Jésuites, qui voyent que l'intervention des Puissances Protestantes, qui est demandée par les très-humbles Remontrances que je vous ai envoyées, leur feroit perdre pour jamais l'espérance de pouvoir nous persécuter à l'avenir, n'oublieront rien pour empêcher cette intervention et cette garantie, en nous faisant proposer de recourir nous-mêmes à la bonté de notre Roi, et de nous contenter de ce qu'il voudra lui-même faire en notre faveur. Mais c'est un piége où les personnes sages ne tomberont pas.

La garantie du Roi d'Angleterre n'est plus révoquée en doute ; et vous voyez dans les Remontrances les raisons pour rendre cette garantie générale.

C'est pourquoi vous devez vous attacher uniquement à cela, éviter l'éclat et user de diligence.

Au reste, monsieur l'Électeur de Saxe, se mettant à la tête des Protestants de la Confession d'Ausbourg, demande que les Protestants Luthériens de toutes les villes et lieux que la France est obligée de rendre, soient rétablis dans tous leurs droits ecclésiastiques et politiques. Et on m'a dit que l'Empereur consent que cela soit réglé par le R. d'Angleterre.

Il n'est pas nécessaire que je fasse mes réflexions sur cet article. Il me suffit de dire que le zèle de toutes les Puissances Protestantes se réveille. C'est pourquoi nous devons agir, mais sans bruit. Je ne vous cache rien, mais je crois qu'il importe de garder le silence, et principalement à l'égard de l'affaire d'Angleterre.

Je suis, Messieurs et très-honorez Frères, votre très-humble et très-obéissant serviteur,

BROUSSON,
Ministre du Saint-Évangile.

N° IX.

Procès-verbal d'arrestement de Brousson [1].

L'an 1698 et le 18me jour du mois de septembre après midy, nous Christophle Chaillon, assesseur de la ville d'Oloron, receveur de la foraine, employé dans les affaires du Roy, demeurant en ladite ville d'Oloron, en exécution de l'ordonnance de Monseigneur Pinon, intendant de Navarre et de Béarn, du 11 mars 1697 et de ses ordres à nous réitérés par ses lettres, les 2 et 17 du présent mois, nous nous serions rendu en maison de la Poste, hostelerie que tient le nommé Saint-Pé en ladite ville d'Oloron, ou estant, nous aurions saisi et arrêté la personne du sieur Claude Brousson, ministre de la R. P. R.. que nous avons trouvé dans une chambre haute de ladite maison, prest à partir de ladite ville, ayant fait préparer ses hardes pour cet effet, lesquelles nous aurions trouvé, consistant en un Portemanteau, une paire de Pistolets, une Épée, un manteau de drap rouge et un cheval scellé, de poil rouge, et après avoir cacheté le dit Portemanteau du cachet de nos armes, nous l'aurions fouillé et pris les papiers dont il estoit chargé, que nous aurions pareillement cacheté, pour le tout être remis à Monseigneur l'Intendant ou à son greffe.

Et après avoir compté l'argent qu'il avoit sur luy, consistant en 21 louis d'or et 16 écus blancs de trois livres 12 sols, nous aurions remis audit Brousson lesdites espèces en présence desdits sieurs de Laffore et Capdeville, bourgeois, et ensuite aurions gardé le dit Brousson avec ledit Capdeville et le nommé Laffore et le dit Saint-Pé, jusqu'au lendemain deux

---

[1] Archives de Montpellier, c. 191.

heures après midy, que nous l'aurions conduit, assisté des sieurs Labrosse, Laffore, Rousset et 4 hommes de pied dans les prisons de la ville de Lescar, où Monseigneur l'Intendant se seroit trouvé à la tenue des États de la province, pour estre par Monseigneur l'Intendant ordonné du dit Brousson ainsi et comme il avisera bon estre, et ont signé avec moy : Capdeville présent, de Laffore présent, et Chaillou ; contrôlé le dit jour.

N° X.

Inventaire de ce qui a été trouvé sur Brousson[1].

L'an mil six cens quatre-vingt-dix-huit et le vingt-troisième jour du mois de septembre avant midy, nous Anne Pinon, chevalier, seigneur vicomte de Quiney, conseiller du roy en ses conseils, maître des requêtes, ord^{re} de son hostel, intendant de justice, police et finances en Béarn et Navarre, dans une des chambres des prisons du chasteau royal de la ville de Pau, ayant fait amener par devant nous le nommé Brousson, ministre de la R. P. R., détenu dans lesdites prisons, avons fait faire par nostre greffier ouverture en sa présence d'un portemanteau a luy appartenant et qui nous auroit esté rapporté de la ville d'Oloron depuis son arrestement, et procédé devant luy à la représentation et inventaire des hardes et papiers y contenus et interrogatoires sur iceux, ainsy qu'il en suit, après avoir fait prester audit Brousson serment de dire vérité.

A luy représenté ledit portemanteau de drap sergé brun, fermant avec un cadenat, et interrogé s'il reconnoit que ledit portemanteau luy appartient,

A répondu reconnoitre que ledit portemanteau luy appartient.

Ouverture faite dudit portemanteau et a luy exhibé le con-

---

[1] Archives de Montpellier, c. 191˚

tenu en iceluy et interrogé s'il reconnoit aussy les hardes et papiers y contenus luy appartenir,

A dit qu'ouy.

Et s'estant trouvé dans ledit portemanteau plusieurs hardes à son usage, elles luy ont esté délivrées présentement, et à l'esgard des papiers et livres contenus au même portemanteau, avons procédé à l'inventaire d'iceux, ainsy qu'il en suit, et fait parapher lesdits papiers par ledit Brousson.

Premièrement, aurions trouvé un passeport des États généraux de Hollande, en faveur de Paul de Beauclose, pour venir en Suisse et en France du 12 août 1697, signé Fagel, et au-dessous Vanheld, scellé du scel des États généraux de Hollande.

Un petit papier écrit de sa main, contenant le nom de plusieurs villes et particuliers qui y demeurent, commançant Vivares, et finissant M. Carnet, pour Provence; paraphé dudit Brousson, n° 2.

Un pareil petit papier aussi écrit de la main dudit Brousson, contenant le nom de plusieurs villes et des particuliers qui y demeurent, n° 3, paraphé *idem*, commançant Saverdun, et finissant Tartas, marchand.

Un autre pareil papier contenant le nom de plusieurs villes et habitans d'icelles, n° 4, paraphé *idem*, et commançant Condé, et finissant Ango.

Un autre pareil papier, n° 5, contenant le nom de plusieurs villes et des habitans qui y demeurent, paraphé *idem*, et commançant Bazeille, et finissant Chaudefour.

Un autre pareil papier contenant le nom de quelques villes et des particuliers qui y demeurent, commançant Chaumel, et finissant Saverdun, paraphé *idem*, n° 6.

Autre pareil petit papier déchiré, commançant Béarn, et finissant faubourg Saint-Germain, cotté n° 7.

Suit l'énumération des lettres de recommandation dont Brousson était porteur.....

Une minute écrite de la main dudit Brousson de *Requête présentée au Roy*, commançant par ces mots : « Ceux de nos sujets qui prétendent s'estre réformez selon la parole de Dieu ont encore recours avec une humilité profonde à l'équité et aux compassions de Vôtre Majesté ; la paix généralle etc. »; et finissant: « Toute la famille royalle et tout vostre peuple »; avec ces lignes à la fin : « Envoyée à M. de Pontchartrain, ministre de l'État et remise au bureau du courier à Nismes, le 15 mars 1698 » paraphé comme cy dessus Brousson et cotté nᵒ 23.

Autre minute écrite de la main dudit Brousson d'une *Requête présentée au Roy*, commançant par ces mots : « Vos très humbles sujets protestans commançant de réclamer »; finissant: « Que les fléaux de sa redoutable justice ne sont pas espuisés »; et à la fin :« Envoyé à M. de Pontchartrain, ministre d'État et remise pour cet effet au bureau de courier de Nismes, le 22 Mars 1698, » paraphée Brousson, cotté nᵒ 24.

Autre minute de *Requête* écrite aussy de la main dudit Brousson commançant par ces mots :« Vos très humbles sujets protestans représentent avec une humilité profonde »; et finissant: « Il a même desjà commancé de la faire d'une manière éclatante »; et ensuite :« Envoyé à M. le marquis de Barbezieux, ministre et secretaire d'État, et remise pour cet effet au bureau du courier, à Nismes le 13 d'avril 1698 » ; paraphé dudit Brousson et cotté nᵒ 26.

Autre minute de *Requête présentée au Roy,* écrite aussi de la main dudit Brousson commançant :« Vos très humbles sujets protestans dont les consciences sont depuis longtemps, etc. »; et finissant:« La voix de nostre douleur et de nous répondre, et ensuite:« Envoyé à M. le marquis de Barbezieux, ministre de l'État, et remise pour cet effet au bureau du courier, à Nismes, le 20 avril 1698 », paraphé et cotté nᵒ 26.

Autre *Requête au Roy* écrite de la main dudit Brousson, commançant par ces mots : « Vos très-humbles sujets protestans représentent encore avec un très-profond respect à V. M. que si les maux, etc. »; et finissant : «Il importe que Vostre Majesté soit de ce nombre »; et ensuite : « Envoyé à M. de Pontchartrain, ministre d'Estat, et remise pour cet effet au bureau du courier, à Nismes, le 24 avril 1698 », paraphée dudit Brousson et cottée no 27.

Une minute écrite de sa main d'un livre intitulé : *Instruction chrestienne*, contenant les purs et solides principes de l'Évangile, à tous ceux qui souhaitent de faire leur salut, commançant : « Il n'y a point de personnes sages » ; et finissant : « Et qu'il n'aura aucun repos ny jour ny nuit » ; ladite minute en six cayers, composé de 44 pages chaque cayer, paraphé par ledit Brousson, cotté n° 28 sur le dernier cayer.

Autre minute d'un ouvrage, écrite de sa main, intitulé : *D'une autre instruction chrestienne*, contenant les purs et solides principes du salut, commançant par ces mots : « Il y a un seul Dieu en trois personnes » ; et finissant : « Et en la grâce de Jésus-Christ notre Sauveur » ; ledit ouvrage en un cayer contenant vingt-huit pages, paraphé par ledit Brousson, cotté n° 29.

Autre minute d'un ouvrage, écrite de sa main, intitulé : *Lettre pastorale à l'Église de Dieu qui est sous la Croix ;* sur les enfans qui sont baptisez dans l'Église romaine, ou instruits dans ses écoles, ou les mariages qui sont célébrés par le ministère d'un prestre catholique ; commançant : « On ne peut voir sans, etc. » ; et finissant : « Retably son peuple » ; ce cayer, composé de dix pages, paraphé par ledit Brousson et cotté n° 31.

Autre minute de sa main d'une autre lettre pastorale intitulée : *Lettre d'un serviteur de Dieu à l'Église de Dieu qui est sous la Croix ;* sur le pouvoir d'administrer les Sacremens ; commançant : « Il y a desjà plus de dix ans, etc. » ; et finissant par ces mots : « Qui y sont marqués pour son édification » ; en un cahier de huit pages, paraphé dudit Brousson et cotté n° 32.

Autre minute écrite de sa main, d'une autre lettre pastorale intitulée : *Lettre pastorale d'un serviteur de Dieu à l'Église de Jésus-Christ qui est sous la Croix ;* au sujet de la lettre d'un evesque catholique romain ; adressée à ceux qu'il appelle nouveaux catholiques ; commançant par ces mots : « J'ay leu la Lettre pastorale du 12 may 1698 qui a esté, etc. »; et finissant : « Abondamment communiqués », en datte « Au désert le 21 may 1698 »; et au bas : « Envoyée à Messieurs les ducs de Villeroy, de Boufflers et remise au bureau du courrier de Montpellier le 15 juin 1698 », paraphée Brousson, en dix pages, cotté n° 33.

Autre minute écrite aussi de la main dudit Brousson, intitulée : *Lettre d'un Théologien protestant sur la question*, etc.; cayer contenant neuf pages, paraphé Brousson, commançant par ces mots : « La violence que les prestres de l'Église romaine commettent en France, etc. »; et finissant : « Les choses surabondantes ne nuisent point »; cotté n° 34.

Autre minute écrite de la main dudit Brousson, d'un ouvrage intitulé : *Avis aux Protestans de France*; en un feuillet de papier, paraphé par ledit Brousson; commançant : « Voicy ce dernier combat que vous aurez à soutenir, soyez fermes, etc. »; et finissant : « Selon les mouvements de vos consciences »; et au bas : « Faites des coppies de cet avis, et qu'on les répande partout »; paraphé dudit Brousson et cotté n° 35.

Autre minute écrite de sa main, d'un ouvrage en un cayer de dix-huit pages, paraphé dudit Brousson, intitulé : *l'Accomplissement de la prophétie de Joel*; commançant : « Les Pasteurs de la Communion romaine »; et finissant : « D'une manière bien précise et bien admirable »; cotté n° 36.

Un autre cayer de minute écrite de sa main, intitulé : *Refutation des erreurs contenue dans le catéchisme catholique fait par le Jésuite Cavisius*, contenant 8 pages; paraphé dudit Brousson et cotté n° 37.

Un cayer de minute écrite aussi de la main dudit Brousson, sans titre, commançant : « Le Jésuite Cavisius, dans le cathéchisme, etc. ; » et finissant : « Et gloire au siècle des siècles, amen; » et au bas. « Exhortation aux fidèles d'en faire des copies exactes et lisibles pour en faire part »; ledit cayer contenant dix-huit pages et cotté n° 38.

Un autre cayer de minute divisé en quatre cayers écrit de sa main, le tout contenant cent-six pages, et commançant:

« Voiages de l'auteur en Vivares », et finissant par ces mots :
« Estant encore dans la maison de la mère de S. R. »; lesdits
cayers paraphé par ledit Brousson et cotté n° 39.

Deux petits cayers qui sont une suite d'un autre, dont le
commancement manque, le premier desdits cayers commançant : «Pourveu qu'ils luy fussent fidèles, etc. »; et finissant, le
deuxième cayer : « Ne sont pas de vrays prophètes » ; lesdits
deux cayers paraphés dudit Brousson et cotté n° 40.

Douze petits cayers imprimés, de douze différentes *Lettres
pastoralles sur le Cantique des Cantiques, à l'espouse de Jésus-
Christ qui est sous la croix;* paraphé chaque lettre par
ledit Brousson, et mise dans une enveloppe cotté n° 41, et
paraphé Brousson.

Autre cayer imprimé ayant pour titre : *Réponse aux objections que l'on fait contre le restablissement de l'Édit de Nantes,*
commançant : « Première objection la politique de la réponse
sous les princes, etc. »; et finissant : « Il lui a donné des
preuves signalées de sa fidélité »; ledit cayer paraphé Brousson
et cotté n° 42.

Un autre imprimé adressé en forme de *Requête au Roy,*
commançant : « Vos sujets qui professent, etc. »; et finissant :
« Les justes sentimens d'obéissance et de fidélité »; paraphé
dudit Brousson et cotté n° 43.

Une coppie écrite à la main intitulé : « *Projet d'union entre
les puissances protestantes,* commançant par ces mots : « Veu
les pertes déplorables »; et finissant : « Le 1ᵉʳ novembre 1697 »;
cotté n° 44.

Un feuillet écrit aussi à la main, intitulé : *Mémoire des ambassadeurs et plénipotentiaires des princes protestants en faveur des Églises réformées de France ;* commançant par ces
mots :« Les alliez de la religion », et finissant : « *Concordare
vidi,* Le Lineroot »; paraphé par ledit Brousson et cotté n° 45.

Une coppie écrite de la main dudit Brousson d'une *Lettre*
qu'il a écrite ainsi qu'il est marqué au bas d'icelle *à M. le
duc de Villeroi et à M. le duc de Bouflers ;* paraphée par ledit
Brousson et cotté n° 46.

Vingt-neuf cayers de différens *Sermons* écrits de la main dudit Brousson, chacun d'iceux par lui paraphé, scavoir : le premier, cotté n° 47, intitulé : *Le dragon régnant dans l'empire de l'Antechrist*, et commançant : « Nous lisons dans le quatrième chapitre », et finissant : « Dans le siècle des siècles ».

Le second, intitulé : *Les Démons servis dans les idoles*, et finissant *idem* comme le premier cy dessus, et cotté n° 48.

Le troisième commançant : « J'ay reçu du Seigneur » ; et finissant : « Retranchée », cotté n° 49.

Le quatrième, cotté n° 50, commançant par ces mots : « Plusieur cheminent » et finissant par ceux-ci : « Gloire au siècle des siècles ».

Le cinquième, intitulé : *Le Salut en Jésus-Christ seul*, commançant : « Je suis le chemin » ; et finissant : « Soit honneur et gloire aux siècles des siècles. *Amen* N° 51.

Le sixième, commançant par ces mots : « Je suis comme un lion » ; et finissant *idem* comme cy dessus ; cotté n° 52.

Le septième, cotté n° 53, commançant : « Si je ferme les yeux » et finissant : « Tout contraire à leur attente ».

Le huitième, cotté n° 54, commançant : « Éternel qui est ce qui séjournera, etc. » ; et finissant : « Des personnes injustes et souillées ».

Le neuvième, cotté n° 55, commançant par ces mots : « La main de l'Éternel » ; et finissant : « A la mercy de nos ennemis ».

Le dixième, cotté n° 56, commançant par ces mots : « Jean-Baptiste nous enseigne icy » ; et finissant : « Le Seigneur, etc ».

Le onzième, cotté n° 57, commançant par ces mots : « Ne devez rien à personne » ; et finissant : « Aux domestiques de l'Église. »

Le douzième, cotté n° 58, intitulé : *Sermon sur la bête de l'Apocalipse*, finissant par ces mots : « Son honneur et gloire aux siècles des siècles. *Amen* ».

Le treizième, cotté n° 59, intitulé : *Sermon pour la Sainte-Cène*, commançant : « Mes frères bien aimez » ; et finissant : « Prononcé à La Haye, le samedy cinquième janvier 1697, jour de préparation pour la Sainte-Cène ».

Le quatorzième, cotté n° 60, intitulé : *Sermon d'actions de grâce*, commançant par ces mots :« Les merveilles que Dieu a fait, etc.»; et finissant :« Tous les autres fidèles dont il est parlé dans divines Écritures ».

Le quinzième, cotté n° 61, commançant par ces mots :« Les évesques sont obligés, etc. »; et finissant :« Maintenant ce grand Dieu n'abandonnera point ses enfans ».

Le seizième, intitulé : *Épître pour les saintes assemblées*, commançant :« Je bénis Dieu de ce qu'il réveille notre zèle »; et finissant :« Et la consolation du Saint-Esprit vous soient abondamment communiquées »; cotté n 62.

Le dix-septième, cotté n° 63, commançant :« Je suis l'alpha et l'omega, etc., » et finissant :« Le fortiffié de plus en plus.»

Le dix-huitième, cotté n° 64, commançant par ces mots : «Je suis le pain de vie, » et finissant :« Son honneur et gloire aux siècles des siècles. *Amen* ».

Le dix-neuvième, cotté n° 65, commançant par ces mots : «Toutes les fois que vous mangerez de ce pain »; et finissant : « Louange et actions de grâce d'éternité en éternité. *Amen* ».

Le vingtième, cotté n° 66, intitulé : *Crucifixion et union avec Christ, préparation à la Sainte-Cène*, finissant par : « Et gloire aux siècles des siècles. *Amen* ».

Le vingt-unième, cotté n° 68, commançant par ces mots : « Voicy l'agneau de Dieu qui oste le péché du monde »; et finissant : « Soit honneur aux siècles des siècles. *Amen* ».

Le vingt-deuxième, cotté n° 69, intitulé :« *Sermon sur l'habitation du Saint-Esprit dans les fidèles* ; le cayer commançant : « Ainsy qu'il nous a fait goûter, etc. »; et finissant :« Les seigneurs députés, conseillers de cette province ».

Le vingt-troisième, cotté n° 70, commançant par ces mots : «Tu m'as asservi par tes péchés »; et finissant : «Avec tant de péchés, Seigneur Jésus, etc. ».

Le vingt-quatrième, intitulé : *Guérison du lépreux*, cayer commançant :« Un lépreux vint à luy »; et finissant par ces mots :« Et gloire aux siècles des siècles »; cotté n° 71.

Le vingt-cinquième, cotté n° 72, commançant par ces mots :

« La coupe de bénédiction, etc. »; et finissant :« Dispositions sainctes et pieuses ».

Le vingt-sixième, cotté n° 73, commançant par ces mots : «Travaillés », et finissant : «Et de la charité ».

Le vingt-septième, cotté n° 74, commançant : «Amendez-vous et croyez à l'Évangile»; et finissant : « Et de sa gloire.»

Le vingt-huitième, cotté n° 75, commançant: «Hélas! misérable que je suis »; et finissant : « Et bénirons, etc. ».

Le vingt-neuvième et dernier, cotté n° 76, commançant par le titre : «Les trois fidèles Hébreux dans la fournaise»; et finissant : «Son honneur et gloire aux siècles des siècles » ; avec une exhortation de communiquer ce sermon à ses frères.

Plus un livre intitulé : *Bible qui est toute l'écriture du Vieil et Nouveau Testament, autrement l'ancienne et nouvelle aliance.* Le tout veu et conféré sur le texte hébreux et grec, suivant la copie de Charenton : imprimé à Leyde, chez Philippe de Croy, en 1665, aussy paraphé par ledit Brousson, cotté n° 77.

Un livre intitulé : *Catéchisme ou instruction familière* sur les principales vérités de la Religion catholique, par Pierre Cavisius, de la compagnie de Jésus, et paraphé aussy par ledit Brousson, cotté n° 78.

Un petit livre de tablettes, paraphé par ledit Brousson, cotté n° 79.

Lecture à luy faite du présent inventaire, a dit iceluy contenir vérité, et les pièces et papiers y mentionnés ont esté par luy paraphés avec nous.

Et ce fait luy avons représenté trois peruques contenues aussy dans ledit portemanteau, savoir : une noire nouée, une blonde aussi nouée, une petite perruque d'abbé brune et une culotte noire, et interpellé de les reconnoitre et de déclarer si elles luy appartiennent :

A dit qu'elles luy appartiennent et a signé avec nous ; fait les an et jour que dessus, signé : Brousson, Pinon et de Lyon, greffier, signé et cotté en chaque page, Pinon et Brousson.

Pour copie dont j'ay l'original à Pau, le 20 octobre 1698.
(Signé) : Pinon.   Par Monseigneur, De Lyon (signé).

No XI

Lettre de Pinon à de Basville [1].

Je viens, Monsieur, de recevoir la lettre que vous m'avez fait l'honneur de m'escrire le 18 de ce mois, par laquelle vous me marquez que le bruit s'est répandu en Languedoc que ce n'est pas le véritable Brousson que j'ay fait arrester. Il n'y a pas lieu de doutter que ce ne le soit, vous le verrez bien tost vous même; pour moy j'en suis très persuadé, car outre qu'il est très semblable au portrait qu'on a fait de sa personne et de son esprit, c'est que les lettres et autres papiers que vous m'avez envoyés de luy sont d'une escriture tout à fait conforme à la sienne, aussy les a-t-il recognus pour estre escrits de sa main. La contenance qu'il a tenue les derniers jours qu'il a esté ici me donnent quelque lieu d'espérer qu'il pourra estre ébranlé à la question; il dit à un garde qui estoit auprès de luy qu'il ne se soucioit pas de mourir pourveu qu'on ne le fit pas soufrir auparavant, et il pleuroit fort souvent. Quand un homme craint les tourments, c'est une marque qu'il se sent foible.

Cependant je ne dis pas cela comme une chose dont il faille beaucoup se flatter, mais si par hasard il avouoit à la question, vous me ferez beaucoup de plaisir de l'interroger sur toutes les personnes du Béarn dont il est parlé dans les interrogatoires dont je vous ay envoyé copie ; il faut que cet homme ait esté attiré icy par quelqu'un du pays, car il y est arrivé justement dans le temps des Estats, et ils l'ont fait venir à Pau pendant qu'ils se tenoient à Lescar, et j'ay appris que la pluspart des gentilshommes nouveaus convertis qui estoient aux Estats ont assisté à une assemblée qui s'est tenue à Pau ; comme elle s'est faite de nuit, il n'estoit pas difficile à ces gentilshommes de venir de Lescar à Pau, ces deux villes n'es-

[1] Archives de Montpellier, c. 191.

tant distantes l'une de l'autre que d'une lieue, la pluspart même ont affecté d'y aler souvent coucher pour cacher leur veu; quand vous aurez jugé ce malheureux, vous me ferez plaisir de m'envoyer son jugement, parce que les nouveaus convertis de ce pays sont assez insolents pour dire qu'on n'oseroit le faire mourir, et que si on le faisoit on s'en vangeroit, en Angleterre et en Hollande, sur les François catholiques qui s'y trouveroient. Je suis, Monsieur, avec beaucoup de respect et de passion,

Votre très-humble et très-obéissant serviteur.

Pinon.

A Pau, ce 26 octobre 1698.

XII.

Requête du 2 novembre 1698 [1]

—

AU ROI.

Sire,

Claude Brousson, ministre de l'Évangile, votre très-humble sujet, qui s'étoit refugié à La Haye en Hollande, où il a son domicile et sa famille, se jette encore au pié du trône de Votre Majesté pour réclamer sa clémance et ses compassions.

Premièrement il avoue, Sire, que pressé par les mouvements de sa conscience il n'a pù se dispenser de venir prêcher l'Évangile de Jésus-Christ dans plusieurs provinces de votre royaume, et d'y travailler par ce moyen au salut de ses frères selon le devoir de tous les fidèles Pasteurs. Il est vrai que par là il a eu le malheur de contrevenir aux ordres de V. M., comme autrefois le prophète Daniel à ceux de son prince, et les Apôtres aussi à ceux des Puissances supérieures. Mais il a pris la liberté d'envoyer sur ce sujet plusieurs requêtes à V. M. pour lui représenter avec une humilité profonde que ses

---

[1] Archives de Montpellier, c. 191.

sujets réformez étant chrétiens, ne peuvent se dispenser de rendre à Dieu le culte qui lui est dû, et de travailler à leur salut comme tous les autres chrétiens du monde, en conservant toujours le respect qu'ils doivent à V. M. C'est pourquoi le suppliant a toujours imploré et implore encore les compassions royales et paternelles.

Secondement on veut involver le suppliant dans certain projet qui fut fait en l'année 1683 pour continuer l'exercice de la Religion appellée prétenduë réformée, dans les lieux où il pourroit être interdit. Mais ce sont des choses abolies avec leurs circonstances et dépendances par une amnystie de V. M., registrée au Parlement de Toulouse. Cependant, sans se départir de cette exception, le suppliant représente avec un profond respect à V. M. qu'en ladite année 1683, étant avocat audit Parlement, chargé de la deffense d'un grand nombre d'Églises réformées, et continuellement consulté par les députez desdites Églises sur la conduite qu'elles avoient à tenir, le suppliant, dans la sincérité de son cœur, leur représenta qu'il croyoit qu'il importoit pour leur repos et pour le bien de l'État que les sujets de V. M. Réformez fissent connoitre l'attachement qu'ils avoient à leur Religion, sans pourtant se départir du respect et de la fidélité qu'ils devoient à leur prince, soufrant patiemment comme des agneaux pour la profession et l'exercice de leur Sainte Religion, et implorant continuellement les compassions de V. M. par de très-humbles Requêtes ; qu'il ne doutoit point que V. M. ne fit d'abord éclater son indignation contre ceux qui résisteroient à ses volontez ; mais qu'il étoit persuadé que dix ou vingt personnes n'auroient pas plutôt soufert la mort et scellé de leur propre sang la vérité de la Religion qu'ils professoient, que V. M. ne jugeroit pas à propos de pousser la chose plus loin, pour ne pas faire une grande brèche à son royaume ; au lieu que s'ils prenoient le parti de dissimuler leurs sentimens, comme il est arrivé dans la suite, V. M., à qui on faisoit entendre que ses sujets Réformez n'avoient pas un grand attachement pour leur Religion, engageroit peu à peu son autorité à l'interdire dans tout son royaume ; et qu'alors les consciences venant à se réveiller, on verroit une dispersion et des désolations extrêmes, comme l'événement l'a vérifié.

Ce qui fait voir, Sire, que le sentiment du suppliant étoit chrétien, juste et raisonnable, le suppliant n'ayant pour le surplus eu aucune part à quelques désordres qui arrivèrent ensuite dans le Dauphiné, en Vivarais, et dans les Cévénes, et qui, comme il a été dit, ont été abolis par une amnystie avec leurs circonstances et dépendances.

En troisième lieu, on veut encore involver le suppliant dans quelques autres désordres arrivez dans les Cévénes durant la dernière guerre et à l'occasion de ladite guerre, terminée par la paix de Ruiswick, qui finit aussi ladite guerre avec ses circonstances et dépendances ; et c'est principalement sur ce sujet que le suppliant, qui a été contraint de protester de la nullité de la procédure faite sur ce même sujet, réclame la justice et la protection de **V. M.**

Le suppliant avoüe, Sire, ingénument à **V. M.**, qu'étant du nombre des réfugiez dans les États protestans, il fut contraint par les mouvemens de sa conscience de retourner en France dans le mois de juillet 1689, avec le feu sieur Debruc, Ministre réfugié, pour y travailler selon son pouvoir au salut de ses frères ; que François Vivens, qui étoit de retour de Hollande, étant déjà arrivé dans les Cévénes, et ayant d'abord été cherché avec un grand soin, le danger où il se trouva le porta à implorer le secours du Roi d'Angleterre ; qu'il entretint ensuite commerce avec Sa Majesté Britannique par le moyen de ses généraux ou autres officiers ; qu'il en reçut dans la suite une somme de mille livres ; qu'avec cet argent il fit quelque amas de poudre, comme le suppliant l'a depuis appris ; mais que le suppliant n'a jamais sceu que ni aucune ville, ni aucun village, ni aucune personne de considération soit entrée dans le dessein dudit Vivens.

Cependant, dans le mois de septembre 1689, le suppliant, considérant que tout le peuple Réformé gémissoit dans le triste état où il se trouvoit ; que d'un autre côté on publioit dans les Cévénes que le Roi d'Angleterre devoit y envoyer des officiers et des troupes pour y procurer du soulagement aux Réformez ; et que quelques personnes mal intentionnées, qui vouloient sans doutte jeter le peuple dans quelque malheur, avoient écrit du Bas-Languedoc dans ledit païs des Cévénes que feu Monsieur le maréchal de Schomberg, qui étoit au service du Roi de la Grande-Bretagne, devoit bientôt faire entrer une armée dans ledit païs, le suppliant souhaita de conférer avec quelques-uns des principaux dudit païs, pour leur représenter que pour prévenir les malheurs dont on étoit menacé, il importoit d'envoyer une très-humble Requête à V. M. pour lui remontrer avec une humilité profonde le triste état où ses sujets Réformez se trouvoient à divers égards, et surtout par la gêne où l'on tenoit leurs consciences ; et pour la supplier très-humblement de vouloir leur redonner leur première liberté.

Le dessein du suppliant étoit aussi, comme il le proteste devant Dieu, de leur représenter qu'au cas que quelque Puissance étrangère vint à se rendre maître dudit païs, il faloit prendre des mesures pour se conserver la liberté de retourner sous la domination de V. M., en la suppliant très-humblement de vouloir mettre fin aux misères de ses dits sujets ; que non-seulement cela étoit juste, mais qu'encore V. M. ne pouvant jamais consentir à la perte d'un païs de cette conséquence, ce seroit une matière perpétuelle de guerre pour les Réforméz dudit païs et pour leur postérité. Ce que le suppliant a aussi plusieurs fois représenté dans les païs étrangers aux réfugiez lorsqu'on a parlé de ces matières. Mais le suppliant n'ayant pû voir aucune personne de considération pour conférer avec elle sur ce sujet, fut contraint de songer à chercher un azile dans le désert.

Il est vrai, Sire, que dans la suite le suppliant, dont la modération étoit connue de tout le peuple, étant pourtant continuellement cherché dans les villes et dans les villages ; et poursuivi même nuit et jour dans les bois et dans les cavernes où il étoit contraint de se retirer, en sorte qu'il a passé les

trois mois entiers sans pouvoir entrer dans aucune maison
ni nuit ni jour, feu Monsieur de Schomberg fils, qui com-
mandoit alors les troupes du Roi d'Angleterre en Piémont, et
qui étoit informé par ledit Vivens de l'état où les Réformez
des Cévénes se trouvoient réduits, envoya au suppliant, et au
dit Vivens aussi, le nommé Huc du Vigan, qui servoit dans
lesdites troupes, et qui fut ensuite tué à la bataille de la Mar-
saille, pour leur faire savoir que sa Majesté Britannique étoit
dans le dessein de leur envoyer des troupes pour leur procurer
quelque repos.

Le suppliant, Sire, fit connoitre audit Huc que son intention étoit de s'appliquer uniquement à prier Dieu. Cependant
on prétend que le suppliant, qui avoit toujours la mort devant
les yeux, et qui soufroit continuellement des misères, des
fatigues, des troubles et des afflictions, qui peut-être n'ont
jamais eu d'exemple depuis que Dieu a une Église sur la
terre, troublé par la présence du danger et par tant de calamitez, se laissa enfin aller aux semonces dudit Vivens et à
celles de M. de Schomberg, et qu'il écrivit de sa propre main
audit sieur de Schomberg un billet que ledit Vivens avoit
déjà tracé, et par lequel il lui marquoit le moyen par lequel
il pouvoit envoyer quelques troupes dans les Cévénes ;
lequel billet fut intercepté et n'eut point d'effet.

Mais comme c'étoit une dépendance incontestable de la
guerre qui a été terminée par la paix de Ruiswick avec toutes ses circonstances et dépendances, le suppliant, Sire, qui
est du nombre des réfugiez, ayant actuellement son domicile
et sa famille à La Haye, d'où il est parti avec un passeport de
Messieurs les États généraux, et ayant reçu de Messieurs les
États de Hollande une somme de cinq cens florins pour les
frais de son voyage, et pour venir travailler à la consolation
de ses frères, a été contraint de protester de la nullité de la
procédure faite contre lui sur ce sujet, et il réclame avec une
humilité profonde la justice et la protection de V. M., la suppliant très-humblement de vouloir le faire jouir de l'abolition
générale et réciproque portée par ladite paix, comme ceux

qui pouvoient avoir pris quelque engagement dans le parti de V. M. en jouïssent ailleurs.

Néantmoins, sans se départir du bénéfice de ladite paix et de la déclaration de V. M. donnée en conséquence, il supplie très-humblement V. M. de vouloir considérer que la faute qu'il peut avoir commise dans un état aussi triste et aussi déplorable que celui où il se trouvoit, et dont il a demandé et demande encore très-humblement pardon à V. M., est sans doute digne de la clémence et de la pitié d'un grand prince, qui sait que ce qui est fait dans un état d'agitation et de trouble pareil à celui où le suppliant se trouvoit alors, est considéré comme involontaire et forcé, et digne par conséquent de pardon.

Ce n'est pas tout, Sire, le suppliant revint bientôt de son trouble, et changea entièrement de conduite pour s'attacher uniquement à prier Dieu. Or, V. M. a fait grâce à ceux dont le triste état les ayant engagez dans le service des Puissances étrangères s'en sont ensuite retirez, selon les semonces qui leur en étoient faites de la part de V. M.

En effet, Sire, depuis la mort dudit Vivens, on n'a pas vu dans la province du Languedoc le moindre mouvement contre le service de V. M., quoique depuis la mort dudit Vivens M. de Schomberg soit entré avec une armée dans le Dauphiné.

Il est même notoire dans la province de Languedoc que pendant la vie dudit Vivens, non-seulement le suppliant n'a eu aucune part à ses violences, mais que lorsqu'il l'a rencontré dans ses aziles, il a condamné sa conduite, et lui a fait sur ce sujet les remontrances les plus vives et les plus fortes qu'on puisse faire en pareille rencontre.

D'un autre côté, le suppliant, pour édifier tout le monde par sa conduite, a marché durant plusieurs années sans armes, et comme un agneau au milieu d'une infinité de gens qui le cherchoient jour et nuit pour lui ôter la vie. Il est encore notoire qu'il ne soufroit point qu'on portât des armes dans les saintes assemblées qui se faisoient par son ministère. De sorte que tout le peuple, et les personnes même catholiques romaines les plus distingués, ont rendu un témoignage public à sa modération et à sa sage conduite.

Cependant le suppliant ne s'est point lassé d'envoyer à V. M. des très-humbles Requêtes pour émouvoir ses compassions et implorer sa clémence, et pour lui représenter tout ce qu'il a cru être de l'intérêt de son royaume par rapport à la Religion. Il a aussi pris la liberté de lui adresser, par des épîtres respectueuses, des traitez entiers, pour lui faire voir l'innocence et la pureté du culte que ses sujets Réformez rendent à Dieu.

Dans la suite, le suppliant étant sorti du royaume au mois de décembre 1693 et étant allé en Hollande, il n'y vécut presque durant environ quatorze mois que des collectes que les principaux réfugiez firent entre eux pour le faire subsister, ce qui est une preuve bien évidente de l'innocence de sa conduite, le suppliant n'ayant jamais reçu aucune pension ni récompense du Roi d'Angleterre, et jouissant seulement à présent de la pension de quatre cens florins d'un côté, faisant cinq cens livres, et de cent cinquante florins d'autre, que Messieurs les États de Hollande, ou ce qu'on appelle la Société à La Haye, ont eu la bonté de lui accorder, comme à tous les autres Pasteurs réfugiez qui ont une famille, après que le suppliant a eu prêché plusieurs fois à La Haye, et qu'il a eu donné au public des ouvrages de piété qui ont été en édification.

Le suppliant étant ensuite forcé par les mouvemens de sa conscience de retourner en France au mois de septembre 1695 pour y continuer les fonctions de son ministère, il fut conseillé d'aller droit au camp du Roi d'Angleterre, pour obtenir de S. M. B. une escorte pour franchir les frontières, qui étoient alors couvertes de troupes; mais afin qu'on ne crût point qu'il fut allé recevoir des ordres pour entreprendre quelque chose dans ce Royaume, il aima mieux s'exposer à un grand danger en traversant les Ardennes du côté de Sedan. Ce fut aussi par le même principe qu'il ne voulut point retourner dans le Languedoc, et qu'il se contenta de traverser la Picardie, une partie de la Champagne, la Beauce, la Normandie, le long de la rivière de Loire, le Nivernois, la Bourgogne, et de sortir par la Franche-Comté.

Étant ensuite retourné à La Haye, et ayant trouvé qu'on travailloit à la paix, et que les réfugiez imploraient l'intercession des Puissances protestantes pour obtenir de la bonté de V. M. qu'il lui plût de mettre fin à leurs misères, le suppliant fit un petit écrit qui fut communiqué aux plénipotentiaires des Puissances protestantes, par lequel il déclara et protesta, au nom de tous les réfugiez, que par cette intercession ou intervention des Puissances protestantes, ils ne prétendoient s'engager en aucune manière à se départir jamais du respect, de l'obéissance et de la fidélité qu'ils devoient à leur prince.

Quelque tems après, sa conscience l'obligeant à retourner encore en France, le 14 août 1697, après que les intérêts de la Hollande, de l'Angleterre et de l'Espagne eurent été réglez, il laissa entre les mains de M. de Beringhen, Conseiller au Parlement de Paris et réfugié à La Haye, un autre petit écrit pour être présenté à Messieurs les Plénipotentiaires d'Angleterre, et pour être même imprimé, dans le quel, comme ministre de l'Évangile, considérant que c'est le devoir des vrais chrétiens de soufrir patiemment pour le service du Seigneur, il proteste de nouveau, tant en son nom qu'au nom de tous les Frères de France, contre tout ce qui pourroit être dit, écrit, fait ou négocié contre le respect, l'obéissance et la fidélité qu'ils doivent à leur prince.

Lorsqu'il a été en France, voyant de nouvelles désolations, il a pris la liberté, dans l'excès de sa douleur, d'envoyer en Cour cinq Requêtes adressées à V.M., pour implorer de nouveau ses compassions, pour lui mettre de nouveau devant les yeux la pureté de la Religion Réformée, le nouveau préjudice que ces nouvelles désolations pouvoient faire à son royaume, et le grand avantage que les Puissances étrangères recevoient de la dispersion de ces sujets. Sur quoi le suppliant s'exprime dans l'une desdites Requêtes en des termes qui font connoitre la droiture et la sincérité de ses intentions.

Il a aussi pris la liberté d'envoyer en Cour une lettre pastorale servant de réponse à une autre lettre de Monseigneur l'Évêque de Rodez, dans laquelle lettre pastorale, qui contient un avis important concernant la sacrée personne de V. M., le suppliant, répondant à ce qu'on dit que V.M. ne peut plus conter sur la fidélité des réfugiez ni sur celle de ses autres sujets Réformez, dit au contraire qu'il est persuadé que si c'étoit le bon plaisir de V. M. de mettre fin aux misères de ses dits sujets, les uns et les autres lui en témoigneroient une reconnoissance dont V. M. auroit sujet d'être satisfaite. Ce qui marque bien encore que le suppliant souhaite véritablement la prospérité de votre royaume.

Dans ce dernier voyage, s'étant trouvé engagé, contre son intention, à s'approcher de la province de Languedoc et à la traverser pour entrer dans le Roüergue, et voulant en passant exhorter les gens des Cévénes à la patience, et à n'attendre leur délivrance que de la miséricorde de Dieu et de la bonté de V.M., il leur a prêché sur ces paroles de Job : *Quand il me tueroit*, parlant de Dieu, *j'espérerai toujours en lui ;* et sur ces autres paroles de Jérémie : *Maudit soit l'homme qui se confie en l'homme, et qui de la chair fait son bras... mais béni soit celui qui se confie en l'Éternel, et de qui l'Éternel est la confiance.*

Et parce que depuis quelques mois il a appris qu'il y avoit quelque disposition à une nouvelle guerre, son intention étoit de sortir du royaume dès qu'elle commenceroit, afin qu'on ne dit point qu'il y fût venu causer du trouble. En effet, Sire, le suppliant y est venu en un tems qui ne pouvoit pas être suspect, ce qui fait assez connoître le principe qui le fait agir, et qui est la crainte qu'il a du Seigneur et le désir qu'il a de lui plaire en s'acquittant de son devoir.

Lorsqu'il a été arrêté à Oleron, dans le Béarn, on a trouvé que ses pistolets n'étoient pas chargez, et celui qui l'arrêta et qui le conduisit devant M. l'Intendant de ladite province lui rendit témoignage qu'il avoit arrêté et conduit un agneau.

Ceux qui l'ont conduit depuis Pau jusqu'à Montpellier en ont aussi, comme il le présuppose, rendu à leur tour un semblable témoignage.

Enfin, Sire, le suppliant pourroit ajouter qu'il a l'honneur d'être connu en France et ailleurs pour un homme d'honneur, craignant Dieu, et incapable de faire tort à personne.

Après tout cela, Sire, il ose espérer de la clémence de V. M. qu'elle ne voudra pas, s'il lui plaît, exercer contre lui sa sévérité. Il est disposé, Sire, à soufrir la mort pour le service de Dieu, si telle est sa volonté, et la volonté de V. M. Mais il sait que V. M. est un prince grand et généreux, qui fait grâce à ceux qui s'humilient devant son trône. Le suppliant a une entière abolition dans la paix générale à l'égard du principal chef de sa prévention, mais il souhaite encore, Sire, de l'obtenir de la clémence de V. M. et de recevoir en tout des témoignages de sa bonté royale et paternelle. Si c'est le bon plaisir de V. M. de les lui accorder et de mettre fin à ses misères, il n'oubliera jamais ce bienfait et il fera sans cesse des vœux pour la conservation et la gloire de la sacrée personne de Votre Majesté et de toute la famille royale, et pour la prospérité de ses États.

BROUSSON,
Ministre de l'Évangile.

A MONSEIGNEUR,

Monseigneur de Basville, Conseiller d'État ordinaire, Intendant de la Province de Languedoc.

Supplie humblement Claude Brousson, ministre du Saint-Évangile, réfugié, ayant actuellement son domicile et sa famille à La Haye, d'où il est parti avec un passeport de Messieurs les États généraux des Provinces-Unies, et représente avec un profond respect à Votre Grandeur que dans la nécessité d'une légitime défense, ayant été contraint de protester de la nullité de la procédure faite contre le suppliant au sujet d'un fait qui était manifestement une dépendance de la guerre terminée par la paix de Riswick, qui abolit pour jamais toutes les circonstances et dépendances de ladite guerre, et impose là dessus un silence perpétuel, le suppliant dans la même nécessité d'une légitime défense, et sans se départir du profond respect qu'il doit à Votre Grandeur, se croit obligé de présenter sur ce sujet une très-humble Requête au Roi comme s'agissant de l'exécution de ladite paix et de lui représenter en même tems, avec une humilité profonde, les choses qui peuvent justifier la conduite du suppliant et émouvoir les compassions de Sa Majesté.

A ces causes, il vous plaira de vos grâces, Monseigneur, envoyer en Cour ladite Requête qui est jointe avec la présente. Et au cas que la dite Requête ne pourroit absolument être envoyée à Sa Majesté, ordonner qu'elle sera jointe au procès pour y avoir tel égard que de raison, déclarant qu'il l'employe pour ses défenses et pour se justifier des faits qui lui ont été objectés dans le procès. Et le suppliant priera toujours le Seigneur pour la conservation et la prospérité de V. G. et de toute son illustre maison.

BROUSSON, minis. de l'Év.

Soit montré au Procureur du Roy.

Fait à Montpellier, le 2 novembre 1698.

DE LAMOIGNON.

Je requiers pour le Roi que la présente Requête soit jointe au procès pour nous jugeant y avoir tel égard que de raison.

Fait à Montpellier, le 3 novembre 1698.

REMISSE, Procureur du Roy.

Soit fait ainsi qu'il est requis.

Le jour et an que dessus.

DE LAMOIGNON.

———

N° XIII.

Procès-verbal de la Question [1].

Le quatrième jour de novembre 1698, Nous, Hiérosme Loys, Conseiller du Roy au présidial de Montpellier, et Jausserand aussi Conseiller audit présidial, commissaires députez pour l'exécution du jugement en dernier ressort, ce jourd'huy rendu, portant condamnation de mort envers le nommé Claude Brousson, Nous sommes transportés dans un magazin de la citadelle de Montpellier, où nous avons fait amener ledit Brousson, et après luy avons fait donner lecture dudit jugement, portant qu'il sera préalablement appliqué à la question ordinaire et extraordinaire, l'avons, après avoir presté le serment au cas requis, interrogé de son nom, âge, qualité, demeure et religion, et après qu'il nous les a eu déclarés, l'avons interrogé qui a trempé avec luy dans le projet qui s'est trouvé écrit de sa main :

A dit qu'il n'y a eu que Vivens qui le composa et qu'il l'écrivit.

— Interrogé en quels lieux il a presché.

A dit qu'il ne peut violer le secret de son ministère, s'agissant uniquement de prier Dieu.

— Interrogé chez qui il a esté dans le Languedoc.

A dit qu'il a répondu cy-dessus.

— Interrogé qui sont ceux qui lui ont donné des lettres de recommandation et d'où ils sont.

A répondu que s'agissant uniquement de prier Dieu, il ne le peut dire.

— Interrogé s'il a esté chez tous ceux qui sont marqués dans ses Mémoires.

A dit qu'il y en a beaucoup qu'il n'a point vus, mais dont les noms lui ont esté donnés par les Réfugiez.

[1] Archives de Montpellier, c. 191.

— Interrogé s'il n'a pas comploté ce projet avec **M.** de Schomberg.

A dit que ce fut une lettre écrite par Vivens.

— Interrogé s'il a parlé à **M.** de Schomberg, s'il a receu de ses lettres et s'il a vu **M.** de Schomberg.

A dit que non.

— Interrogé s'il n'a pas été longtemps avec Vivens, et s'il n'a pas eu pension des étrangers.

A dit que non.

— Interrogé si Vivens en a receu.

A dit qu'il en a receu une fois mille livres, que le prince d'Orange lui fit donner.

— Interrogé chez qui il a esté en Vivarets.

A dit que s'agissant d'un secret de son ministère, il ne peut le vendre.

— Interrogé s'il n'a pas envoié chercher des prophètes et prophétesses en Vivarets.

A dit que non, et qu'il a tout mis dans sa Relation.

— Interrogé s'il n'a pas voulu renouveller le phanatisme du Vivarets.

A dit que non.

— Interrogé de nouveau qui a eu part à ce projet qu'il a écrit.

A dit qu'il a tout expliqué dans sa Requeste. .

— Interrogé s'il n'a pas esté à Bordeaux.

A dit qu'il n'y a jamais esté.

— Interrogé s'il n'a pas esté à Pau.

A dit que s'agissant uniquement de son ministère, il ne peut parler.

— Interrogé s'il n'a pas été à Montauban.

A dit que ouy, et qu'il n'y a veu qu'une seule famille dont il ne peut dire le nom.

— Interrogé qui est le nommé Gautier dont il parle dans ce projet.

A dit qu'il pense que ce Gautier soit quelque réfugié, et put estre Gautier ministre, qui avoit connoissance dudit pays.

— Interrogé s'il n'y avoit point de gentilshommes de la province dans cette affaire.

A dit que non.

— Interrogé si ce n'est pas luy qui a proposé ce projet à **M.** de Schomberg.

A dit que non, mais qu'il avoit envoié Huc qui parla à luy, qui répond.

— Interrogé pourquoi il a dit que tous les princes de l'Europe s'intéresseroient à sa piété.

A dit que les princes de l'Europe s'intéresseroient dans l'infraction que cette affaire fait au traité de Riswick, en le faisant punir pour une chose qui est éteinte.

Ce fait, avons fait attacher ledit Brousson par les pieds, et l'avons aussi fait attacher par les bras derrière le dos, et l'avons fait tirer les tours de question ordinaire, sur quoi luy aiant renouvelé les mêmes interrogatoires, il n'a voulu rien déclarer et a dit qu'il ne scavoit rien.

Ce fait, lui avons fait donner les tours de question extraordinaire, auxquelles il n'a voulu rien dire.

Lecture faite, a persisté.

(Signés) : Brousson, minis. de l'Év., Loys, Jausserand, Lesellier.

Ce fait, l'avons fait détacher du banc de gesne et l'avons fait conduire dans une autre chambre et luy avons fait donner lecture du présent procez verbal de torture et de ses réponses, auxquelles il a déclaré qu'il persistoit, ne veut ajouter ny diminuer.

Lecture faite, a persisté et signé.

(Signés) : Brousson , minis. de l'Év.,
Loys, Jausserand, Lesellier.

Nº XIV.

Conclusions du Procureur du Roi[1].

Vu le procès verbail et capture de Claude Brousson, ministre de la Religion prétendue réformée, les interrogatoires et responses faites devant Monsieur Pinon, Intendant du Béarn, et devant Monsieur de Basville, Intendant de cette province, recolement et confrontations de témoins, un escrit commençant par ces mots : « On ne peut sanpêcher de représenter de nouveau », contenant un projet pour faire entrer les ennemis dans les Sévennes, plusieurs lettres, escriptes et ouvrages dudit Brousson et tout considéré.

Je requiers pour le Roy que pour les cas résultant du procès, ledit Brousson soit condamné à estre rompu vif sur un échafaut qui pour cest effet sera dressé à l'Esplanade, ses biens acquis et confisquez au proffit de Sa Majesté. Deslibéré à Montpellier, le troisième novembre mil six cent quatre-vingt-dix-huit.

Remisse, Procureur du Roi.

Nº XV.

Relation venue de Montpellier, datée du mois de novembre 1698[2].

Vous avez sans doute entendu parler de la mort de M. Brousson, mais peut-être en ignorez-vous les circonstances, et en ce cas-là vous serez sans doute bien aise que je vous en fasse part : il fut arrêté à Oloron, dans le Béarn, du temps qu'il mettoit ses bottes pour monter à cheval, un receveur de la foraine le reconnû sur son portrait, que l'Intendant de ce

---

[1] Archives de Montpellier, c. 191.
[2] Communiquée par MM. Brousson, de Hollande.

païs là, qui le faisoit chercher partoût, lui avait envoyé ; et lui aïant demandé s'il étoit Brousson, et celui-ci l'aïant avoué ingénûment, il le fit conduire à cause de cela chez l'Intendant, où il ne se laissa pas autrement mener que comme un agneau, sans faire la moindre résistence, quoiqu'il eut l'épée au côté.

Cet Intendant aïant quelque tems après reçu ordre de la Cour de l'envoier en cette ville, on le fit passer par Thoulouse, où M. de Broglie le vit diverses fois et le fit embarquer sur le canal, escorté de son capitaine des gardes, d'un capitoul et dix hommes armés jusques à Béziers, où on le fit débarquer, et d'où les deux compagnies du régiment de Moranges l'accompagnèrent jusques à une lieue de cette ville. Dès qu'on le sçût arrivé dans cet endroit, on y fit marcher incessament deux compagnies de grenadiers du régiment d'Auvergne, avec un détachement de 50 hommes, deux capitaines et deux lieutenants. L'Intendant y envoya aussi sa chaise roulante pour le prendre, aux deux côtés de laquelle marchoient l'Hoqueton de M. l'Intendant et le capitaine des gardes de M. de Broglie, qui ne l'avoit pas quitté depuis Thoulouse.

Il y eut plus de 4,000 âmes qui accoururent au devant de lui pour le voir arriver : vous l'auriez vu dans sa chaise, ou levant les yeux au ciel, ou saluant d'un air fort tranquille tous ceux qui le voyoit. Personne ne pouvoit retenir ses larmes, voyant mener comme un criminel ce véritable serviteur de Dieu. On le conduisit de cette manière jusques à l'Esplanade, où M. de Basville l'atendoit ; il le fit mettre en même tems dans sa chaise à porter, et le fit porter à la citadelle ; il s'y transporta lui-même sur-le-champ pour interroger cet illustre prisonnier sans lui donner un moment pour se reconnoître. Ce premier interrogatoire dura cinq heures d'orloge ; d'abord il lui demanda ce qu'il étoit venu faire dans le Royaume ? A quoi ce pauvre M. Brousson répondit qu'il y étoit venu pour consoler ses frères. — S'il y avoit prêché ? Il dit qu'oui. — Dans quels lieu ? Partout où je suis passé. J'y ai même, ajouta-t-il, donné la communion et baptizé les enfants.— M. l'Intendant le pressa beaucoup de lui dire positivement les lieux où il avoit fait ses assemblées et de lui nommer les gens qui s'y étoient trouvés ; mais il répondit fort sagement que son ministère et sa conscience ne lui permettoient pas de révéler de pareilles choses, qu'il avoit dit tout ce qu'il pouvoit dire, et que quelques maux qu'on peut lui faire souffrir, on ne lui en feroit pas dire davantage.

L'Intendant, le voyant si ferme, le laissa entre les mains de son Hoqueton, qui l'a toujours gardé à vue avec une garde de 50 hommes, auxquels il étoit défendu sur peine de la vie de le laisser voir à qui que ce fut. On lui apportoit à manger de chez l'Intendant, qui l'a toujours traité comme un honnête homme, et qui plus est, — quelle douceur pour un homme de cette trempe, — n'ayant pas voulu qu'on lui mit les fers aux pieds ni aux mains.

Le 31ᵉ du passé, l'Intendant se retourna à la citadelle, à sept heures du matin, et y demeura jusqu'à deux heures après midi ; il y retourna encore le même jour, mais quelque demande qu'il peût faire, et quelque adresse et subtilité qu'il peût employer, il n'en peût jamais rien tirer qui peût porter préjudice à personne, et comme il vit enfin qu'il n'y avoit pas moyen de le faire parler, il l'accusa alors d'avoir fait un projet qu'il devoit, disoit-il, envoyer au comte Charles de Schomberg pour faire entrer les ennemis dans l'État. On lui présenta un billet, qu'on le chargea d'avoir écrit de sa propre main, et plusieurs lettres qu'il avoit écrites, il avoua les lettres, mais il s'inscrivit en faux contre le billet ; on nomma des experts pour vérifier les écritures, qui rapportèrent que tout étoit écrit de même main, on lui fit donc son procès sur ce chef là ; voici comment ils ont voulu faire acroire que ce billet étoit tombé entre leurs mains : Il y a quelque temps qu'on pendoit ici un nommé Picq, accusé d'être guide ; on dit que comme il eut été exécuté, le bourreau avoit trouvé ce billet dans sa culotte, et qu'il l'avoit d'abord porté chez l'Intendant. Voyez s'il y a là la moindre prévoyance.

Mais pour revenir à notre prisonnier, quel plaisir n'y auroit-il pas eu à le voir aux prises avec ce jeune prêtre, frère de M. le président Crouzet, qu'on lui détacha samedi, premier jour de ce mois, pour l'attaquer sur la controverse. Croyez-vous qu'il y ait bien trouvé son compte ? Je sçai du moins qu'il a avoué de bonne foi qu'il avoit eu affaire à un terrible antagoniste et que jamais homme ne parla mieux. Le lundi, M. Brousson connoissant que son heure aprochoit, demanda de l'encre et du papier pour écrire à sa femme, ce qui lui fut refusé, il dit donc ce moment les plus belles choses du monde touchant sa pauvre famille, priant Dieu de faire la grâce à son fils de suivre son exemple, et qu'il mourut pour l'Évangile, comme il se disposait à mourir.

Le mardi 4, ses juges furent mandés de monter à la Citadelle à sept heures du matin pour le juger, il répondit à toutes leurs questions avec tant de justesse, de fermeté et de douceur, que les juges ne peurent s'empêcher de dire qu'ils en étoient touchés, il leur dit ensuite : « Considésez, Messieurs, dans quelle perplexité d'esprit je me suis exposé depuis plusieurs années ; je savois qu'on me cherchoit partout. Je me suis exposé à toute sorte de calamité, étant dans l'obligation d'habiter les déserts et les cavernes, où j'étois destitué la plupart du temps du nécessaire. Croyez-vous de bonne foi, Messieurs, que si je n'avois agi par un bon principe je me fusse exposé à tant de malheurs. C'est le bon Dieu qui m'a comblé de ses grâces et qui m'a donné le courage de prêcher son Évangile ; partout où je suis passé je n'ai jamais prêché la sédition ni la révolte contre mon Prince ; si quelqu'un venoit armé dans mes assemblées, je lui reprochois sa méfiance de la toute puissance de Dieu ; ce que je vous dis, Messieurs, n'est pas pour implorer votre clémence, je sçai que ce seroit en vain et que vous avez résolu ma perte, mais je suis bien aise de me justifier de ce dont vous m'accusez et de faire voir mon innocence. »

Quand il eût fini de parler, on le fit retirer; alors on le condamna à la question ordinaire et extraordinaire, et à être rompu vif; cependant l'Intendant se trouvant un peu radouci à son égard (chose bien extraordinaire), il dit aux juges : Il faut lui accorder le *Retentum*, c'est-à-dire qu'il seroit étranglé avant que d'être roué, et que pour la question, on lui en feroit seulement la peur, pour voir si on pouroit le faire parler. A deux heures après-midi, on lut sa sentence à cet illustre martyr ; il l'écouta avec une grande résignation, se mit à genoux et fit sa prière avec de grandes élévations d'esprit, on le présenta ensuite à la question, on le déshabilla et on le fit étendre sur le banc, en le menaçant des plus cruels tourments s'il ne parloit pas, il leur répondit : Messieurs, vous n'avez qu'à faire tout ce qui vous plaira, quand vous fracasseriez tous mes os, vous ne m'en ferez pas dire davantage, et ayant toujours son Esprit élevé à Dieu, il criait : « Seigneur, aye pitié de ta pauvre créature ; ne m'abandonne » pas dans l'état pitoyable où tu me vois, et donne-moi tou-» jours la force et le courage de pouvoir suporter les maux » qu'on me va faire souffrir pour la gloire de ton Saint Nom. » Quand on vit qu'on ne pouvoit tirer autre chose de lui, on l'ôta de dessus le banc et on lui permit par grâce de reprendre ses habits et d'aller ainsi au supplice.

L'Échaffaut étoit dressé à l'Esplanade à 260 pieds de la Citadelle ; les deux bataillons d'Auvergne qui sont en quartier dans cette ville étoient sous les armes, formant trois cercles autour de l'Échaffaut à trois pas l'un de l'autre, afin que personne ne put approcher ; on avoit mis de plus une double haie de soldats depuis l'Échaffaut jusqu'à la Citadelle. Cependant il y eut plus de 10,000 âmes qui se rendirent sur le lieu, le menu peuple se mit sur la demi-lune, d'où on le chassa très-souvent sans pouvoir en être le maître, les gens de distinction se mirent entre les rangs des soldats, d'où les officiers n'osèrent par honnêteté les faire retirer, quoi qu'il y eut des ordres très-sévères ; enfin, quand tout fut ainsi disposé, on le fit sortir.

Cinquante Mousquetaires marchoient devant, présentant leurs armes ; quand il fut sur la porte, il voulut chanter le

Psaume xxxiv, qui commence : « Jamais ne cesserai de magnifier le Seigneur, etc.» Mais l'Hoqueton, qui marchoit à son côté, le pria de la part de Monsieur l'Intendant de ne pas le faire, de peur d'une sédition.« Hélas, Monsieur, répondit-il, il n'y en a pas la moindre apparence, je discontinuerai pourtant, et je prierai Dieu. » A l'autre côté de M. Brousson marchoit ce même prêtre dont nous avons déjà parlé. Quand il eut passé la porte, il y eut 20 tambours qui commencèrent à battre leurs caisses et qui continuèrent jusqu'à sa mort.

Je ne sçaurois vous représenter avec quelle fermeté il marchoit, il sembloit qu'il alloit à un festin. Ses yeux furent toujours tournés vers le Ciel, de sorte qu'on croit qu'il ne vit et ne remarqua personne sur son chemin. Tout le monde fondoit en larmes voyant passer cet illustre martyr qui alloit sceller de son sang la vérité qu'il avoit prêchée. Dès qu'il fut au pied de l'Échaffaut, il se mit à genoux et fit sa prière ; il monta l'échelle sans être soutenu de personne, et quand il fut en haut, il dit au bourreau de l'accommoder comme il le trouveroit à propos, et en même tems lui tendit les bras : le bourreau étant descendu sous l'Échaffaut pour l'étrangler, la corde rompit au premier tour de bille.

M. de Caramignan ayant pris cette occasion pour lui dire que Dieu avoit permis ce petit accident pour lui donner un peu plus de tems pour embrasser sa Religion, il lui répondit qu'il le remercioit de ses soins et qu'il ne doutoit point qu'il n'agit par un bon principe. Il ne pouvoit pas lui savoir mauvais gré de ses sollicitations; il ajouta qu'il espéroit que Dieu le récompenseroit de sa charité, et qu'il le verroit un jour en Paradis avec lui ; il est à remarquer qu'il dit ses paroles à demi étranglé, ce qui est de la dernière force.

Le Bourreau acheva de faire son œuvre; ce martir mourut sans faire le moindre mouvement. Tout le monde a été affligé de sa mort, et en même tems on a admiré sa constance; ses ennemis, forcés par la vérité, lui donnent mille louanges, le Prêtre qui l'accompagna dit de fort bonne foi qu'il est mort en véritable chrétien ; il rapporte avec beaucoup d'exactitude et de sincérité, à ce qu'il semble, tout ce qu'il lui a ouï dire, et s'il faut l'en croire, il le regrette beaucoup ; on sçait de très-bonne part qu'ayant trouvé cet abbé fort raisonnable dans la conversation qu'ils avoient eue ensemble sur la Religion, M. Brousson lui avoit dit qu'il n'étoit pas loin du Royaume des Cieux.

Après cette exécution, il vint un ordre de la part de M. l'Intendant d'enterrer le corps dans la Citadelle. Le Bourreau l'y porta ; je fus témoin de tout ce triste mais édifiant spectacle ; il y eut une infinité des gens de Nimes qui vinrent exprès dans cette ville pour le voir. Cette mort a été d'une grande édification pour nous, et sera cause que la plupart des gens penseront de plus près à leur conscience.

A propos de l'exactitude avec laquelle on tâchoit d'empêcher le monde de s'approcher de l'Échaffaut, je vous dirai qu'un marchand jouailler nommé Picat, que nous avons vu diverses fois dans cette ville, s'approcha fort près de l'Échaffaut pour tâcher d'entendre quelques-unes de ses dernières paroles, ce que l'Hoqueton ayant remarqué, il s'informa le lendemain avec beaucoup de soin qui pouvoit être ce curieux ou cet hardi poussé suivant lui d'un zèle indiscret ; et l'ayant sçu, il rapporta le tout à M. l'Intendant, qui lui ordonna de l'aller prendre et de le lui amener, ce qui ayant été exécuté, M. l'Intendant le questionna extraordinairement pour savoir ce qu'il faisoit et d'où il venoit. Le jouailler répondit catégoriquement à toutes ses questions, lui nommant tous les endroits où il pouvoit avoir été, néanmoins il le fit mettre en prison, mais ayant fait fouiller très-exactement dans ses coffres et visiter tous ses papiers, et n'ayant trouvé que quatre ou cinq passeports de Princes ou Puissances étrangères, il le fit élargir à petit bruit.

M. l'Intendant a fait imprimer le prétendu jugement de M. Brousson, pour faire croire au public qu'il a été condamné équitablement ; on le chargea d'avoir voulu faire entrer les ennemis dans l'État, comme il a déjà été remarqué.

Au reste, pour vous faire voir le bon cœur de notre Confesseur, il ne sera peut-être pas mal à propos de vous dire qu'avant d'être conduit au supplice il donna son manteau d'écarlate à l'Hoqueton, et sa montre au Capitaine des Gardes de M. de Broglie, pour les bons services qu'ils lui avoient rendus.

On a trouvé dans l'Almanac de Marseille, pour cette année 1698, ces quatre vers sur les Prédictions du mois d'octobre :

> Le brave Docteur de la Rue
> Combat pour maintenir la Foi
> D'une Doctrine défendue
> Du Pape et de notre grand Roy.

On a eu tant de curiosité pour ces almanacs que le prix en est devenu excessif, ou pour mieux dire il ne s'en trouve plus, à cause qu'on les a enlevés avec une avidité insatiable.

J'oubliois cette circonstance que le malheureux qui a arrêté M. Brousson a eu huit mille livres pour sa capture ; ne pourroit-on pas se servir à son égard de cette imprécation : « Ton argent périsse avec toi ! »

N° XVI.

Jugement de Brousson[1].

Nicolas de Lamoignon, chevalier, comte de Launay-Courson seigneur de Bris, Vaugrigneuse; marquis de Lamotte Chandenier, Beuxe et autres lieux ; conseiller d'État, intendant de justice, police et finances de la province de Languedoc,

Entre le procureur du Roy, demandeur et accusateur en crimes de rebellion écrits et libelles séditieux, et d'assemblées illicites, d'une part ;

---

[1] Nous empruntons cette pièce à M. Corbière (*Hist. de l'Égl. Réformée de Montpellier*), qui la tenait de M. le pasteur Auzière, de Générargues. Ce jugement est imprimé en placard, sur une feuille de 50 cent. de hauteur et de 35 cent. de largeur.

Et Claude Brousson, cy-devant avocat au Parlement de Toulouse, à présent ministre de la Religion prétendue réformée, accusé et deffendeur d'autre.

Veu par nous avec les officiers du présidial de Montpellier, l'arrest du Conseil du sixième février 1693, par lequel il a plu à Sa Majesté d'ordonner que le procès sera par nous fait et parfait en dernier ressort aux ministres de la Religion prétendue Réformée qui se trouveront dans le Languedoc, et jugez dans les présidiaux qu'il nous plaira de choisir. Déclaration du Roy, du premier juillet 1686, portant que les ministres de la R. P. R., tant Français qu'estrangers, qui reviendront dans le royaume, seront punis de la peine de mort. Procez-verbal de capture dudit accusé, au lieu d'Oloron, le dix-huitième septembre dernier. Trois interrogatoires par luy prestez par devant M. Pinon, contenant les pièces et papiers trouvez sur ledit Brousson, de lui paraphez. Information faite par le sieur Daudé, juge de Vigan, le onzième novembre 1691. Recollement des témoins y entendus. Extrait mortuaire de la demoiselle Anna Baudoin, femme du sieur Armand, du dix-septième décembre 1697. Interrogatoire du nommé Picq, du dix-septième avril 1691. Jugement de mort contre ledit Picq, son procez-verbal de torture et de recollement dudit Picq, à ses interrogatoires et responses. Interrogatoire presté par devant nous par ledit Brousson, le trente et unième octobre dernier, dans lequel il a reconnu avoir été le principal auteur des troubles arrivez en 1683 dans le Languedoc. Règlement à l'extraordinaire sur conclusions du procureur du Roy. Information par nous faite ledit jour. Autres interrogatoires dudit Brousson dudit jour, et du deuxième novembre présent mois. Notre procez-verbal du trente et unième octobre, portant nomination d'experts pour procéder à la vérification d'un projet écrit de la main de Brousson, pour faire entrer des troupes étrangères dans la province, et par luy envoyé en Piémont, marquant tous les endroits par où elles pouvoient passer, et qualifiant d'ennemis les sujets du Roy ; dans lequel procez-verbal sont mentionnées les pièces de comparaisons écrites de la main de Brousson et de luy paraphées. Prestation de serment desdits experts, leurs dépositions à l'information ci-dessus. Cahier de recollement des témoins et experts à leurs dépositions. Cahier de confrontation de témoins et experts au dit Brousson, et de confrontations littérales de la déposition de la demoiselle Baudouin, et de l'interrogation de Picq, porteur dudit projet. Condamnation de mort, et procez-verbal de torture dudit Picq: plusieurs lettres, lettres pastorales et autres écrits séditieux de la main dudit Brousson, pour exciter les assemblées et porter les peuples à contrevenir en toutes choses aux ordres du Roy. Divers cahiers écrits de la main dudit Brousson, par lesquels il paroît qu'il a fait tout ce qu'il a pu pour faire revivre le fanatisme dans le Vivarais. Requeste dudit Brousson, par laquelle il employe pour deffenses une Requeste par lui dressée, contenant ses deffenses ou moyens d'atténuation. Notre ordonnance soit montrée au procureur du Roy et conclusions pour la jonction d'icelle au procez. Notre ordonnance pour la jonction. Exploits d'assignations données aux témoins et aux experts, du trente-unième octobre premier et deuxième novembre du présent mois. Conclusions diffinitives du procureur du Roy.'Après que ledit Brousson sur la selette a esté ouy par sa bouche. Tout considéré :

Nous, de l'avis des dicts sieurs Présidiaux, par Jugement en dernier ressort et sans appel, pour les cas résultants du procez, condamnons ledit Claude Brousson à estre rompu vif sur un eschaffaut qui, pour cet effet, sera dressé dans la place publique de cette ville ; son corps mis sur une roue pour y finir ses jours, après avoir esté préalablement appliqué à la question ordinaire et extraordinaire, pour avoir révélation de ses complices. Déclarons tous et chacuns ses biens acquis et confisqués à Sa Majesté, préalablement pris cent livres d'amendes envers le Roy, et les frais et dépens du procez envers ceux qui les auront exposez. Et sera le présent Jugement exécuté nonobstant oppositions ou appellations quelconques, et sans aucunement y déférer.

Fait à Montpellier, le quatrième novembre mil six cent quatre-vingt-dix-huit.

> *Signés :* DE LAMOIGNON, Eustache, président et juge-mage ; CASSEIROL, lieutenant-général criminel ; PATRIS DE LESCURE, Loys, rapporteur ; MÉJAN, DUVIDAL, JAUSSERAND père, CHAUVET, CODOGNAN, JAUSSERAND fils, CARQUET, DU CARBON.

Prononcé et exécuté le dit jour.

> LE SELLIER, greffier.

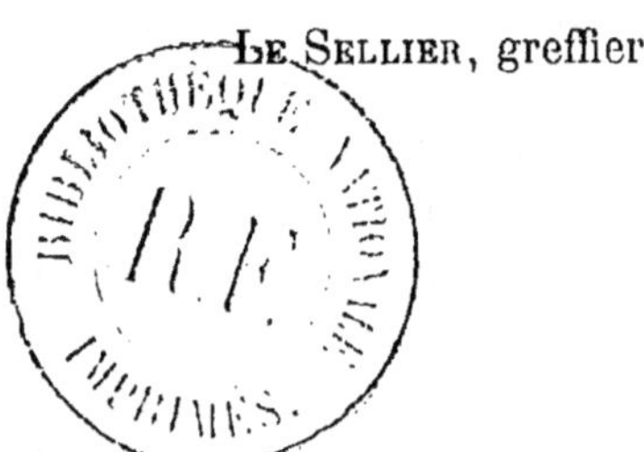

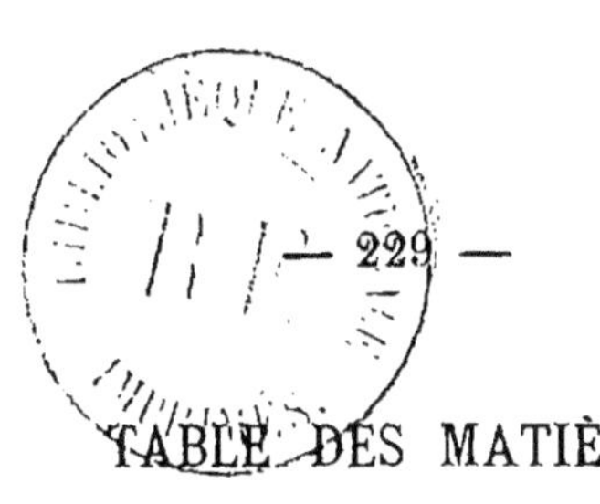

TABLE DES MATIÈRES.